GUÍA DE
HARCOURT CIENCIAS
EVALUACIÓN

Harcourt School Publishers

Orlando • Boston • Dallas • Chicago • San Diego

www.harcourtschool.com

Printed in the United States of America

ISBN 0-15-315057-2

6 7 8 9 10 11 018 11 10 09 08 07

Contenido

Overview .... AGv
Assessment Components .... AGvi
Formal Assessment .... AGvii
Test-Taking Tips .... AGviii
Performance Assessment .... AGix
Scoring a Performance Task .... AGxi
Classroom Observation .... AGxii
Observation Checklist .... AGxiv
Using Student Self-Assessment .... AGxv
Self-Assessment—Investigate .... AGxvi
Self-Assessment—Learn About .... AGxvii
Project Evaluation Checklist .... AGxviii
Project Summary Sheet .... AGxix
Portfolio Assessment .... AGxx
Science Experiences Record .... AGxxii
Guide to My Science Portfolio .... AGxxiii
Portfolio Evaluation Checklist .... AGxxiv

UNIDAD A

Las plantas y los animales a nuestro alrededor

Capítulo 1—Los seres vivos y no vivos AG1
Tarea de rendimiento AG5
Instrucciones para el maestro AG6
Capítulo 2—Todo sobre las plantas AG7
Tarea de rendimiento AG11
Instrucciones para el maestro AG12
Capítulo 3—Todo sobre los animales AG13
Tarea de rendimiento AG17
Instrucciones para el maestro AG18

UNIDAD B

Todos vivimos juntos

Capítulo 1—Las plantas y los animales se necesitan AG19
Tarea de rendimiento AG23
Instrucciones para el maestro AG24
Capítulo 2—Un lugar para vivir AG25
Tarea de rendimiento AG29
Instrucciones para el maestro AG30

UNIDAD C

Nuestra Tierra

Capítulo 1—La superficie de la Tierra AG31

Tarea de rendimiento AG35

Instrucciones para el maestro AG36

Capítulo 2—El aire y el agua de la Tierra AG37

Tarea de rendimiento AG41

Instrucciones para el maestro AG42

UNIDAD D

El clima y las estaciones

Capítulo 1—Medir el clima AG43

Tarea de rendimiento AG47

Instrucciones para el maestro AG48

Capítulo 2—Las estaciones AG49

Tarea de rendimiento AG53

Instrucciones para el maestro AG54

UNIDAD E

La materia y la energía

Capítulo 1—Investigar la materia AG55

Tarea de rendimiento AG59

Instrucciones para el maestro AG60

Capítulo 2—El calor y la luz AG61

Tarea de rendimiento AG65

Instrucciones para el maestro AG66

UNIDAD F

La energía y las fuerzas

Capítulo 1—Empujar y jalar AG67

Tarea de rendimiento AG71

Instrucciones para el maestro AG72

Capítulo 2—Los imanes AG73

Tarea de rendimiento AG77

Instrucciones para el maestro AG78

Respuestas AG79–AG91

Harcourt

Overview

In *Harcourt Science,* the Assessment Program, like the instruction, is student-centered. By allowing all learners to show what they know and can do, the program provides you with ongoing information about each student's understanding of science. Equally important, the Assessment Program involves the student in self-evaluation, offering you strategies for helping students evaluate their own growth.

The *Harcourt Science* Assessment Program is based on the Assessment Model in the chart below. The model's framework shows the multidimensional aspect of the program, with five kinds of assessment, supported by both teacher-based and student-based assessment tools.

The teacher-based strand, the left column in the model, involves assessments in which the teacher evaluates a student product as evidence of the student's understanding of chapter content and of his or her ability to think critically about it. The teacher-based strand consists of two components: Formal Assessment and Performance Assessment.

The student-based strand, the right column in the model, involves assessments that invite the student to become a partner in the assessment process. These student-based assessments encourage students to reflect on and evaluate their own efforts. The student-based strand also consists of two components: Student Self-Assessment and Portfolio Assessment.

There is a fifth component in the *Harcourt Science* assessment program—Ongoing Assessment, which involves classroom observation and informal evaluation of students' growth in science knowledge and process skills. This essential component is listed in the center of the Assessment Model because it is the "glue" that binds together all the other types of assessment.

HARCOURT SCIENCE

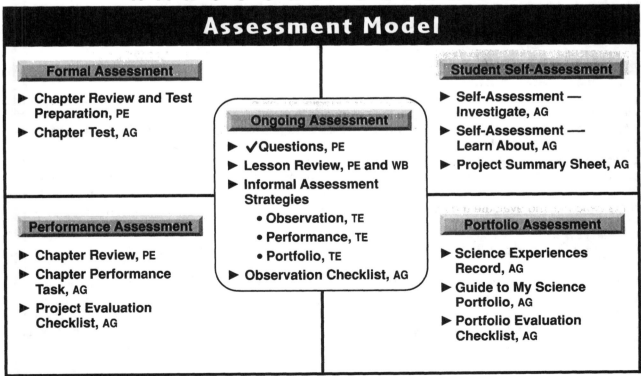

Assessment Model

Formal Assessment
- ▶ Chapter Review and Test Preparation, PE
- ▶ Chapter Test, AG

Ongoing Assessment
- ▶ ✓Questions, PE
- ▶ Lesson Review, PE and WB
- ▶ Informal Assessment Strategies
  - • Observation, TE
  - • Performance, TE
  - • Portfolio, TE
- ▶ Observation Checklist, AG

Student Self-Assessment
- ▶ Self-Assessment — Investigate, AG
- ▶ Self-Assessment — Learn About, AG
- ▶ Project Summary Sheet, AG

Performance Assessment
- ▶ Chapter Review, PE
- ▶ Chapter Performance Task, AG
- ▶ Project Evaluation Checklist, AG

Portfolio Assessment
- ▶ Science Experiences Record, AG
- ▶ Guide to My Science Portfolio, AG
- ▶ Portfolio Evaluation Checklist, AG

(**Key:** PE=Pupil Edition; TE=Teacher's Edition; AG=Assessment Guide; WB=Workbook)

Harcourt

Assessment Components

Formal Assessment

Research into the learning process has shown the positive effects of periodic review. To help you reinforce and assess mastery of chapter objectives, *Harcourt Science* includes both reviews and tests. You will find the Chapter Review and Test Preparation in the pupil book and the Chapter Test in this **Assessment Guide.** Answers to both assessments, including sample responses to open-ended items, are provided.

Performance Assessment

Science literacy involves not only what students know but also how they think and how they do things. Performance tasks provide evidence of students' ability to use science process skills and critical thinking skills to complete an authentic problem-solving task. A performance task is included in each chapter review. Another follows the Chapter Test in this **Assessment Guide.** Each includes teacher directions and a scoring rubric. Also in this booklet, you will find the Project Evaluation Checklist (p. AGxviii), for evaluating unit projects.

Ongoing Assessment

Opportunities abound for observing and evaluating student growth during regular classroom instruction in science. *Harcourt Science* supports this informal, ongoing assessment in several ways: Within each lesson in the **Pupil Edition** (grades 3–6), there are boldface ✔ questions at the end of sections to help you assess students' immediate recall of information. Then, at the end of each lesson, there is a Lesson Review to help you evaluate how well students grasped the concepts taught. The Lesson Review also includes a multiple-choice "test prep" question. In grades 1 and 2, caption questions and Think About It after every lesson are tools for ongoing assessment. Additional material for reviewing the lesson is provided in the **Workbook.**

The **Teacher's Edition** offers Informal Assessment Strategies. These strategies, which appear at point of use within chapters, give ideas for integrating classroom observation, performance assessment, and portfolio assessment with instruction. Located in this **Assessment Guide** is yet another tool, the Observation Checklist (pp. AGxiv), on which you can record noteworthy classroom observations.

Student Self-Assessment

Self-assessment can have significant and positive effects on student achievement. To achieve these effects, students must be challenged to reflect on their work and to monitor, analyze, and control their own learning. Located in this **Assessment Guide** are two checklists designed to do just that. One is Self-Assessment— Investigate (p. AGxvi), which leads students to assess their performance and growth in science skills after completing Investigate in the **Pupil Edition.** The second is Self-Assessment— Learn About (p. AGxvii), a checklist to help the student reflect on instruction in a particular lesson or chapter in *Harcourt Science.* Also in this booklet, following the checklists, you will find the Project Summary Sheet (p. AGxix), on which students describe and evaluate their own science projects.

Portfolio Assessment

In *Harcourt Science*, students may create their own portfolios. The portfolio holds self-selected work samples that the student feels represent gains in his or her understanding of science concepts and use of science processes. The portfolio may also contain a few required or teacher-selected papers. Support materials are included in this **Assessment Guide** (pp. AGxx–AGxxiv) to assist you and your students in developing portfolios and in using them to evaluate growth in science skills.

Harcourt

Formal Assessment

Formal assessment is an essential part of any comprehensive assessment program because it provides an objective measure of student achievement. This traditional form of assessment typically consists of reviews and tests that assess how well students understand, communicate, and apply what they have learned. This is the type of assessment that is typically used in state and local standardized tests in science.

Formal Assessment in *Harcourt Science*

Formal assessment in the *Harcourt Science* program includes the following measures: Chapter Review in **Pupil Edition** grades 1 and 2; Chapter Review and Test Preparation in **Pupil Edition** grades 3–6; and Chapter Assessments in this **Assessment Guide.** The purpose of the review is to assess and reinforce not only chapter concepts and science skills but also students' test-taking skills. The purpose of the Chapter Assessments is, as with other formal assessments, to provide an objective measure of student performance. Answers to chapter reviews, including sample responses to open-ended items, are located in the Teacher's Edition, while answers to chapter tests are located in the Answer Key in this booklet.

Types of Review and Test Items

Students can be overwhelmed by the amount of information on a test and uneasy about how to answer different types of test questions about this information. The Chapter Review and Test Preparation is designed to help familiarize students with the various item formats they may encounter: *multiple-choice items* (with a question stem; sentence fragment; graph, table, map, model, or picture; or using negatives such as *not, least,* and so on), *open-ended items* (which require the student to write a short answer, to record data, or to order items), and *scenarios,* in which the student is asked to respond to several items in either a multiple-choice or open-ended format.

Test-Taking Tips

Harcourt Science offers test-taking tips—aimed at improving student performance on formal assessment—in the Teacher's Edition. The section titled Test Prep—Test-Taking Tips spells out what students can do to analyze and interpret multiple-choice or open-ended types of questions. Each tip suggests a strategy that students can use to help them come up with the correct answer to an item. Included in the section are tips to help students

- ► focus on the question.
- ► understand unfamiliar words.
- ► identify key information.
- ► analyze and interpret graphs, charts, and tables.
- ► eliminate incorrect answer choices.
- ► find the correct answer.
- ► mark the correct answer.

The tips include the following suggestions:

- ► Scan the entire test first before answering any questions.
- ► Read the directions slowly and carefully before you begin a section.
- ► Begin with the easiest questions or most familiar material.
- ► Read the question and *all* answer options before selecting an answer.
- ► Watch out for key words such as *not, least,* and so on.
- ► Double-check answers to catch and correct errors.
- ► Erase all mistakes completely and write corrections neatly.

Test Preparation

Students perform better on formal assessments when they are well prepared for the testing situation. Here are some things you can do before a test to help your students do their best work.

- ► Explain the nature of the test to students.
- ► Suggest that they review the questions at the end of the chapter.
- ► Remind students to get a good night's sleep before the test.
- ► Discuss why they should eat a balanced meal beforehand.
- ► Encourage students to relax while they take the test.

Harcourt

Performance Assessment

Teachers today have come to realize that the multiple-choice format of traditional tests, while useful and efficient, cannot provide a complete picture of students' growth in science. Standardized tests may show what students know, but they are not designed to show how they *think and do things*—an essential aspect of science literacy. Performance assessment, along with other types of assessments, can supply the missing information and help balance your assessment program.

An important feature of performance assessment is that it involves a hands-on activity to solve a situational problem. An advantage of this type of assessment is that students often find it more enjoyable than the traditional paper-and-pencil test. Another advantage is that it models good instruction: students are assessed as they learn and learn as they are assessed.

Performance Assessment in *Harcourt Science*

The performance task, science project, and other hands-on science activities provide good opportunities for performance assessment. The performance task is particularly useful because it provides insights into the student's ability to apply key science process skills and concepts taught in the chapter.

At grades 3–6, *Harcourt Science* provides performance assessment in the Chapter Review and Test Preparation feature in the pupil book and in the Chapter Test in this **Assessment Guide**. In the review at grades 1 and 2, the performance assessment is the last item of the Chapter Review; in the test, it is a performance task. The Project Evaluation Checklist (p. AGxviii) is a measure you can use to evaluate unit projects.

Administering Performance Tasks

Unlike traditional assessment tools, performance assessment does not provide standardized directions for its administration or impose specific time limits on students, although a time frame is suggested as a guideline. The suggestions that follow may help you define your role in this assessment.

► *Be prepared.*

A few days before students begin the task, read the Teacher's Directions and gather the materials needed.

► *Be clear.*

Explain the directions for the task; rephrase them as needed. Also, explain how students' performance will be evaluated. Present the rubric you plan to use and explain the performance indicators in language your students understand.

► *Be encouraging.*

Your role in administering the assessments should be that of a coach—motivating, guiding, and encouraging students to produce their best work.

► *Be supportive.*

You may assist students who need help. The amount of assistance needed will depend on the needs and abilities of individual students.

► *Be flexible.*

All students need not proceed through the performance task at the same rate and in the same manner. Allow them adequate time to do their best work.

► *Involve students in evaluation.*

Invite students to join you as partners in the evaluation process, particularly in development or modification of the rubric.

Rubrics for Assessing Performance

A well-written rubric can help you score students' work accurately and fairly. Moreover, it gives students a better idea of what qualities their work should exhibit *before* they begin a task.

Each performance task in the program has its own rubric. The rubric lists performance indicators, which are brief statements of what to look for in assessing the skills and understandings that the task addresses. A sample rubric follows.

Scoring Rubric

Performance Indicators

_____	Assembles kite successfully.
_____	Carries out experiment daily.
_____	Records results accurately.
_____	Makes an accurate chart and uses it to report the strength of wind observed each day.

Performance Indicators

3	2	1	0

Harcourt

Scoring a Performance Task

The scoring system used for program performance tasks is a 4-point scale (3-2-1-0) that is compatible with those used by many state assessment programs. You may wish to modify the rubrics as a 3- or 5-point scale, as your individual needs and circumstances require. To determine a student's score on a performance task, review the indicators checked on the rubric and then select the score that best represents the student's overall performance on the task.

4-Point Scale			
Excellent Achievement	Adequate Achievement	Limited Achievement	Little or No Achievement
3	2	1	0

How to Convert a Rubric Score into a Grade

If, for grading purposes, you want to record a letter or numerical grade rather than a holistic score for the student's performance on a task, you can use the following conversion table:

Holistic Score	Letter Grade	Numerical Grade
3	A	90–100
2	B	80–89
1	C	70–79
0	D–F	69 or below

Developing Your Own Rubric

From time to time, you may want to either develop your own rubric or work together with your students to create one. Research has shown that significantly improved performance can result from student participation in the construction of rubrics.

Developing a rubric for a performance task involves three basic steps: (1) Identify the process skills taught in the chapter that students must perform to complete the task successfully and identify what understanding of content is also required. (2) Determine which skill/understanding is involved in each step. (3) Decide what you will look for to confirm that the student has acquired each skill and understanding you identified.

Harcourt

Classroom Observation

"Kid watching" is a natural part of teaching and an important part of evaluation. The purpose of classroom observation in assessment is to gather and record information that can lead to improved instruction. In this booklet, you will find an Observation Checklist on which you can record noteworthy observations of students' ability to use science process skills.

Using the Observation Checklist

► *Identify the skills you will observe.*
Find out which science process skills are introduced and reinforced in the chapter.

► *Focus on only a few students at a time.*
You will find this more effective than trying to observe the entire class at once.

► *Look for a pattern.*
It is important to observe the student's strengths and weaknesses over a period of time to determine whether a pattern exists.

► *Plan how and when to record observations.*
Decide whether to
  • record observations immediately on the checklist as you move about the room or
  • make jottings or mental notes of observations and record them later.

► *Don't agonize over the ratings.*
Students who stand out as particularly strong will clearly merit a rating of *3* ("Outstanding"). Others may clearly earn a rating of *1* ("Needs Improvement"). This doesn't mean, however, that a *2* ("Satisfactory") is automatically the appropriate rating for the rest of the class. For example, you may not have had sufficient opportunity to observe a student demonstrate certain skills. The checklist cells for these skills should remain blank under the student's name until you have observed him or her perform the skills.

Harcourt

▶ *Review your checklist periodically and ask yourself questions such as:*

What are the student's strongest/weakest attributes?

In what ways has the student shown growth?

In what areas does the class as a whole show strength/weakness?

What kinds of activities would encourage growth?

Do I need to allot more time to classroom observation?

▶ **Use the data you collect.**

Refer to your classroom observation checklists when you plan lessons, form groups, assign grades, and confer with students and family members.

Guía de evaluación AG xiii

Date _____

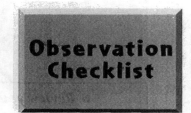

Observation Checklist

Rating Scale	
3 Outstanding	**1** Needs Improvement
2 Satisfactory	☐ Not Enough Opportunity to Observe

Names of Students

Science Process Skills												
Observe												
Compare												
Classify/Order												
Gather, Record, Display, or Interpret Data												
Use Numbers												
Communicate												
Plan and Conduct Simple Investigations												
Measure												
Predict												
Infer												
Draw Conclusions												
Use Time/Space Relationships												
Hypothesize												
Formulate or Use Models												
Identify and Control Variables												
Experiment												

Harcourt

Using Student Self-Assessment

Researchers have evidence that self-evaluation and the reflection it involves can have positive effects on students' learning. To achieve these effects, students must be challenged to reflect on their work and to monitor, analyze, and control their own learning—beginning in the earliest grades.

Frequent opportunities for students to evaluate their performance builds the skills and confidence they need for effective self-assessment. A trusting relationship between the student and the teacher is also essential. Students must be assured that honest responses can have only a positive effect on the teacher's view of them, and that they will not be used to determine grades.

Student Self-Assessment in *Harcourt Science*

The assessment program offers three self-assessment measures, which are located in this booklet. The first one is Self-Assessment—Investigate: a form that invites students to reflect on how they felt about, and what they learned from, Investigate, a hands-on investigation at the beginning of each lesson. The second measure is Self-Assessment—Learn About: a form that leads students to reflect on and evaluate what they learned from reading and instruction in Learn About at either the lesson or chapter level. The third is the Project Summary Sheet—a form to help students describe and evaluate their unit projects.

Using Self-Assessment Forms

▶ *Explain the directions.*
Discuss the forms and how to complete them.

▶ *Encourage honest responses.*
Be sure to tell students that there are no "right" responses to the items.

▶ *Model the process.*
One way to foster candid responses is to model the process yourself, including at least one response that is not positive. Discuss reasons for your responses.

▶ *Be open to variations in students' responses.*
Negative responses should not be viewed as indicating weaknesses. Rather they confirm that you did a good job of communicating the importance of honesty in self-assessment.

▶ *Discuss responses with students.*
You may wish to clarify students' responses in conferences with them and in family conferences. Invite both students and family members to help you plan activities for school and home that will motivate and support their growth in science.

Nombre _____

Fecha _____

¿Cómo lo hice?

La investigación trató de

_____

_____

_____

¿Cómo lo hiciste? Encierra la palabra que describe lo que piensas. Si no estás seguro, encierra el **?**.

1. Seguí las instrucciones. **Sí ? No**

2. Trabajé bien con los demás. **Sí ? No**

3. Tuve cuidado con los materiales. **Sí ? No**

4. Completé la investigación. **Sí ? No**

5. La destreza de ciencias que aprendí fue

6. Descubrí

_____

_____

_____

_____

_____

Harcourt

¡Piénsalo otra vez!

¿Cómo lo hiciste? Encierra la palabra que describe lo que piensas. Si no estás seguro, encierra el **?**.

1. Pude leer la lección.   **Sí   ?   No**

2. Usé las ilustraciones para
ayudarme a leer.   **Sí   ?   No**

3. Contesté las preguntas al lado
de las ilustraciones.   **Sí   ?   No**

4. Hice preguntas cuando no
comprendí algo.   **Sí   ?   No**

5. Comprendí la mayor parte de las ideas.   **Sí   ?   No**

6. Pude contestar la mayoría de las
preguntas en Piénsalo.   **Sí   ?   No**

Esto es algo que aprendí.
_____

_____

Aprendí estas palabras nuevas.
_____

_____

Nombre _____

Fecha _____

Evaluación del proyecto

Evaluación del proyecto

Instrucción elemental en ciencias	Prueba de crecimiento
1. **Comprende conceptos de ciencias** *(Los animales, las plantas; la superficie de la Tierra; el aire, el agua, el espacio; el clima; la materia, el movimiento, la energía)*	_____ _____ _____ _____
2. **Usa las destrezas del proceso científico** *(Observa, compara, clasifica, recopila/ interpreta datos, se comunica, mide, experimenta, infiere, predice, saca conclusiones)*	_____ _____ _____ _____
3. **Razona críticamente** *(analiza, sintetiza, evalúa, aplica ideas eficazmente, resuelve problemas)*	_____ _____ _____
4. **Exhibe características/actitudes de un científico** *(es curioso, hace preguntas, es persistente, preciso, creativo, entusiasta; usa los materiales de ciencias con cuidado; se preocupa por el medio ambiente)*	_____ _____ _____

Resumen de la evaluación/Comentarios del maestro: _____

_____

_____

_____

_____

_____

Harcourt

Nombre _____

Fecha _____

Puedes comentar sobre tu proyecto de ciencias completando las siguientes oraciones.

Mi proyecto de la unidad

1. Mi proyecto trató de _____

   _____

   _____.

2. Trabajé en este proyecto con _____

   _____

   _____.

3. Recopilé información de estas fuentes: _____

   _____

   _____.

4. La cosa más importante que aprendí al hacer este proyecto fue _____

   _____

   _____.

5. Creo que lo hice _____ en este proyecto porque

   _____

   _____.

6. También me gustaría decirles que _____

   _____

   _____

   _____

   _____.

Harcourt

Portfolio Assessment

A portfolio is a showcase for student work, a place where many types of assignments, projects, reports, and writings can be collected. The work samples in the collection provide "snapshots" of the student's efforts over time, and taken together they reveal the student's growth, attitudes, and understanding better than any other type of assessment. However, portfolios are not ends in themselves. Their value comes from creating them, discussing them, and using them to improve learning.

The purpose of using portfolios in science is threefold:

▶ *To give the student a voice in the assessment process.*

▶ *To foster reflection, self-monitoring, and self-evaluation.*

▶ *To provide a comprehensive picture of a student's progress.*

Portfolio Assessment in *Harcourt Science*

In *Harcourt Science*, students create portfolio collections of their work. The collection may include a few required papers, such as the Chapter Test, Chapter Performance Task, and Project Evaluation.

From time to time, consider including other measures (Science Experiences Record, Project Summary Sheet, and Student Self-Assessment Checklists). The Science Experiences Record, for example, can reveal insights about student interests, ideas, and out-of-school experiences (museum visits, nature walks, outside readings, and so on) that otherwise you might not know about. Materials to help you and your students build portfolios and use them for evaluation are included in the pages that follow.

Using Portfolio Assessment

▶ *Explain the portfolio and its use.*
Describe how people in many fields use portfolios to present samples of their work when they are applying for a job. Tell students that they can create their own portfolio to show what they have learned, what skills they have acquired, and how they think they are doing in science.

▶ *Decide what standard pieces should be included.*
Engage students in identifying a few standard, or "required," work samples that each student should include in his or her portfolio, and discuss reasons for including them. The student's recording sheet for the Chapter Performance Task, for example, might be a standard sample in the portfolios because it shows students' ability to use science process skills and critical thinking skills to solve a problem. Together with your class, decide on the required work samples that everyone's portfolio will include.

▶ *Discuss student-selected work samples.*
Point out that the best work to select is not necessarily the longest or the neatest. Rather, it is work the student believes will best demonstrate his or her growth in science understanding and skills.

▶ *Establish a basic plan.*
Decide about how many work samples will be included in the portfolio and when they should be selected. Ask students to list on Guide to My Science Portfolio (p. AG xxiii) each sample they select and to explain why they selected it.

▶ *Tell students how you will evaluate their portfolios.*
Use a blank Portfolio Evaluation sheet to explain how you will evaluate the contents of a portfolio.

▶ *Use the portfolio.*
Use the portfolio as a handy reference tool in determining students' science grades and in holding conferences with them and family members. You may wish to send the portfolio home for family members to review.

Registro de mis experiencias en ciencias

Fecha	Qué hice	Qué pensé o aprendí

Harcourt

Nombre _____ Fecha _____

Qué tiene mi portafolio	Por qué lo seleccioné
1.	
2.	
3.	
4.	
5.	
6.	
7.	

Organicé mi portafolio de ciencias de esta manera porque _____

_____

_____

_____

_____

Harcourt

Nombre del estudiante _____

Fecha _____

Evaluación del portafolio

Evaluación del portafolio

Instrucción elemental en ciencias	Prueba de crecimiento
1. Comprende conceptos de ciencias *(Los animales, las plantas; la superficie de la Tierra; el aire, el agua, el espacio; el clima; la materia, el movimiento, la energía)*	
2. Usa las destrezas del proceso científico *(Observa, compara, clasifica, recopila/ interpreta datos, se comunica, mide, experimenta, infiere, predice, saca conclusiones)*	
3. Razona críticamente *(analiza, sintetiza, evalúa, aplica ideas eficazmente, resuelve problemas)*	
4. Exhibe características/actitudes de un científico *(es curioso, hace preguntas, es persistente, preciso, creativo, entusiasta; usa los materiales de ciencias con cuidado; se preocupa por el medio ambiente)*	

Resumen de la evaluación del portafolio

Para esta evaluación			Desde la última evaluación		
Excelente	Bien	Regular	Ha mejorado	Casi igual	No tan bien

Harcourt

✔ Evaluación del capítulo

Los seres vivos y no vivos

Parte 1   Vocabulario

Encierra la palabra que contesta la pregunta.

1. ¿Cómo llamamos a la audición, la vista, el tacto, el olfato y el gusto?

oídos   manos   sentidos

Encierra la palabra que nombra las ilustraciones.

2.

vivos   no vivos

3.

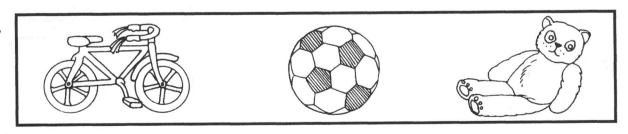

vivos   no vivos

Harcourt

Parte II   Comprender los conceptos científicos

**Traza una línea desde cada sentido
hasta el niño que lo usa.**

4. vista   •

5. audición   •

6. tacto   •

7. gusto   •

8. olfato   •

Harcourt

9. Encierra cada palabra que indica lo que necesitan estos seres vivos.

agua   alimento   aire   agua

10. Encierra cada palabra que indica lo que hacen estos seres vivos.

crecen   ven   cambian   oyen

11. Encierra lo que no es vivo.

Harcourt

Parte III Aplicación de las destrezas

Destrezas del proceso científico: observar, comparar

12. Escribe *c* debajo de lo que crece.

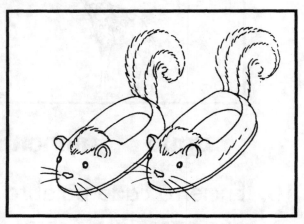

_____
- - - - - - - - - -
_____

13. Escribe *ca* debajo de lo que cambia.

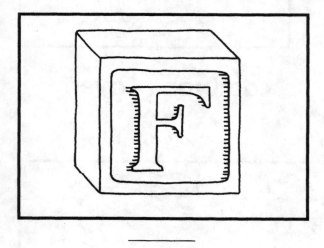

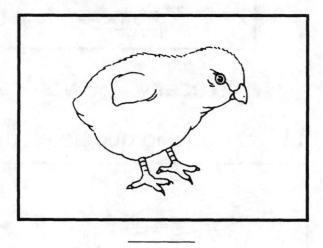

_____
- - - - - - - - - -
_____

Harcourt

Nombre _____ Fecha _____

Seres vivos

Materiales

tarjetas ilustradas

estambre rojo

estambre azul

creyones o marcadores

papel de dibujo

1. Haz un círculo rojo y un círculo azul con el estambre.

2. Observa las ilustraciones.

3. Coloca los seres vivos en el círculo rojo.

4. Colocas los seres no vivos en el círculo azul.

5. Dibuja otros seres vivos y no vivos.

Seres vivos

Seres no vivos

Harcourt

Seres vivos

Materiales   Hojas de tareas para la evaluación, tarjetas ilustradas, creyones o marcadores, papel de dibujo, estambre rojo, estambre azul

Duración   20–30 minutos

Sugerencias para la agrupación   individuales o parejas

Procesos científicos   observar, comparar

Sugerencias para la preparación   Corte los tamaños de estambre con tiempo. Pida a un padre o un voluntario que recorte ilustraciones para que las usen los niños.

Introducción de la tarea   Pida a los niños que observen alrededor del salón de clases y nombren los seres vivos y no vivos que ven. Anímelos a decir lo que pueden hacer los seres vivos. Distribuya materiales. Lea las cinco instrucciones a los niños. Asegúrese de que comprenden cómo hacer sus círculos y lo que deben colocar en ellos.

Estimular el debate   Pida a los niños que comparen sus ilustraciones de seres vivos y no vivos. Luego, anime a los niños a decir lo que hacen los seres vivos.

Puntuación

Indicadores del rendimiento

_____ Coloca ilustraciones de los seres que son vivos en el círculo rojo.

_____ Coloca ilustraciones de los seres que son no vivos en el círculo azul.

_____ Hace ilustraciones de seres vivos y no vivos.

_____ Compara las ilustraciones con los compañeros de clase y dice lo que pueden hacer los seres vivos.

Observaciones y puntuación

3	2	1	0

Harcourt

Todo sobre las plantas

Parte I   Vocabulario

Encierra la palabra o palabras que completa(n) cada oración.

1. La mayoría de las plantas crecen de un(a)

   flor   **tallo**   **semilla**

2. La parte externa de una semilla es su

   tallo   **tegumento**   **flor**

Traza una línea desde el nombre de cada parte de la planta hasta su ilustración.

3. hojas   •   • _____

4. flor   •   • _____

5. raíces   •   • _____

6. tallo   •   • _____

7. Coloca una **X** en la luz solar.

Harcourt

Nombre _____

Comemos partes de algunas plantas.

zanahoria   **manzana**   **lechuga**

Escribe una palabra o haz una ilustración para contestar la pregunta.

8. ¿Qué planta tiene una raíz que comemos?

_____

- -

_____

9. Encierra la palabra que indica lo que necesita esta planta.

luz   **agua**   **aire**

Harcourt

10. Encierra lo que necesitan las flores que están debajo del árbol.

aire   **agua**   **luz**

11. Enumera las ilustraciones para mostrar cómo crece una planta.

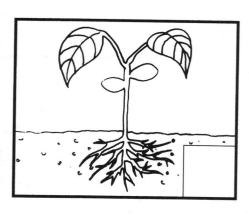   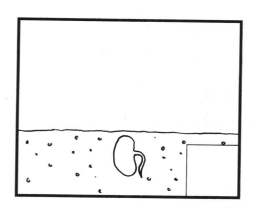

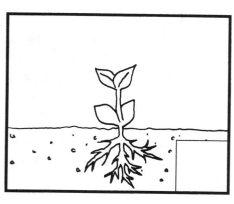   

Harcourt

Nombre _____

Destrezas del proceso científico: observar, comparar

12. Coloca una **X** debajo de la planta
en la que su semilla se sembró primero.

      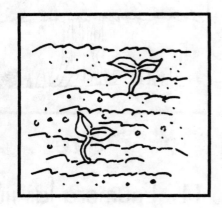

_____   _____   _____

13. Encierra la palabra
que indica qué se
está cayendo de este
árbol.

tallos

hojas

raíces

Harcourt

Cómo crecen las plantas

Materiales

tijeras

pegamento

creyones

cartulina

1. Haz un dibujo que muestre todas las partes de una planta.

2. Luego, recorta y pega las palabras para nombrar las partes de tu ilustración.

3. Dile a tu maestra qué parte de tu planta crece primero, después y de último.

aire	luz solar	agua	raíces
tallo	hojas	flores	

Harcourt

Cómo crecen las plantas

Materiales — Hojas de tareas para la evaluación, cartulina, creyones, tijeras, pegamento

Duración — 20–30 minutos

Sugerencias para la agrupación — individuales, en parejas o grupos pequeños

Procesos científicos — observar, comparar, comunicar

Sugerencias para la preparación — Si es posible, lleve a los niños afuera o exhiba una planta natural para que los niños la observen. Pida a los niños que compartan lo que saben sobre las partes de la planta y cómo crece.

Introducción de la tarea — Explique a los niños que su tarea es ilustrar cualquier planta que elijan y usar las palabras en la Hoja de tareas para la evaluación para rotular todas las partes de su ilustración. Cuando terminen de dibujar, la usarán para explicar qué parte de la planta crece primero, después y así sucesivamente.

Estimular el debate — Cuando los niños terminen, pídales que comparen sus trabajos. Pida a la clase que resuma cómo crecen diferentes tipos de plantas.

Puntuación

Indicadores del rendimiento

_____ Hace un ilustración precisa de una planta y muestra las raíces, las hojas, los tallos y las flores.

_____ Rotula cada parte de la ilustración pegando la palabra apropiada al lado de cada parte.

_____ Usa la secuencia adecuada para explicar claramente cómo crece una planta.

_____ Compara su propia ilustración con las de sus compañeros de clase.

Observaciones y puntuación

3	2	1	0

Harcourt

Evaluación del capítulo

Todo sobre los animales

Parte I   Vocabulario

Traza una línea desde cada palabra hasta la ilustración que corresponda.

1. mamífero   •   •

2. anfibio   •   •

3. reptil   •   •

4. branquias   •   •

5. renacuajos   •   •

6. insecto   •   •

7. ninfa   •   •

8. salir del cascarón •   •

9. larva   •   •

Harcourt

Nombre _____

10. Encierra lo que necesitan todos los animales.

alas   alimento   aletas

11. Encierra lo que ayuda a tomar aire a algunos animales.

patas   piel   narices

12. Encierra el animal que construye su casa.

13. Coloca una **X** en la parte del animal que lo ayuda a obtener agua.

14. Encierra la palabra que indica lo que está en la ilustración.

reptiles

mamíferos

15. Encierra algo que sólo tienen las aves.

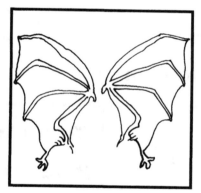 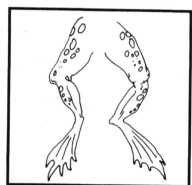 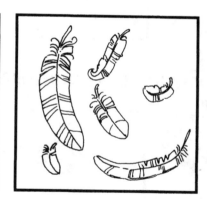

16. Encierra algo que sólo tienen los mamíferos.

patas   **pelaje**   **alas**

Harcourt

Parte III   Aplicación de las destrezas

Destrezas del proceso científico: ordenar, clasificar

17. Enumera las ilustraciones para mostrar cómo crece una mariposa.

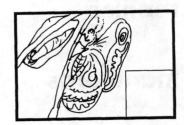
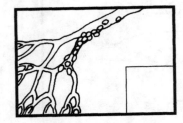

Encierra la palabra para clasificar cada animal.

18.		tiene seis patas	mamífero insecto
19.		tiene piel húmeda	ave anfibio
20.		tiene branquias	reptil pez

Harcourt

Nombre _____ Fecha _____

Observar animales

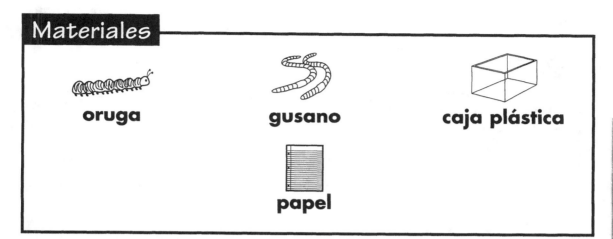

Materiales

oruga   gusano   caja plástica

papel

1. Observa los animales en la caja plástica.

2. Escribe sus nombres en tu hoja.

3. Compara los dos animales. Escribe dos maneras en las que se parecen y en las que se diferencian.

4. Comparte lo que escribiste en tu hoja.

Animales	Se parecen	Se diferencian
Oruga y gusano	1. 2.	1. 2.

Harcourt

TAREA DE RENDIMIENTO

Observar animales

Materiales   Hojas de tareas para la evaluación, oruga, gusano, caja plástica, papel, lápices, varias tarjetas ilustradas de animales

Duración   20–30 minutos

Sugerencias para la agrupación   individuales, en parejas o grupos pequeños

Procesos científicos   observar, comparar, comunicar

Sugerencias para la preparación   Coloque el gusano y la oruga en la caja. Coloque las tarjetas ilustradas en el borde del pizarrón. Tenga listos los otros materiales.

Introducción de la tarea   Exhiba las tarjetas ilustradas de animales una a la vez. Anime a los niños a pensar en maneras de describir cada animal. Distribuya los materiales. Lea en voz alta la primera instrucción. Asegúrese de que los niños pueden identificar los animales. Diga a los niños que tendrán una oportunidad de describir en qué se parecen y en qué se diferencian los animales. Lea las instrucciones 2–4 a los niños. Pida voluntarios para que expliquen lo que harán y cómo compartirán la información en sus hojas.

Estimular el debate   Pregunte a los niños en qué se parecían y en qué se diferenciaban los animales. Pídales que cuenten las diferencias que describieron los miembros de la clase.

Puntuación

Indicadores del rendimiento

_____ Enumera dos maneras en las que se parecen los animales.

_____ Enumera dos maneras en las que se diferencian los animales.

_____ Escribe una descripción clara de las similitudes y las diferencias de los animales.

_____ Explica claramente las similitudes y las diferencias.

Observaciones y puntuación

3	2	1	0

Harcourt

Nombre _____

Fecha _____

Las plantas y los animales se necesitan entre sí

Parte 1   Vocabulario

Encierra la palabra que contesta la pregunta.

1. ¿Cuál es el polvo en las flores que las ayudan a producir semillas?

   polvo   **polen**   **pelo**

2. ¿Qué es la canasta?

   ropa   **un producto**

3. ¿Qué hacen las hojas y las lombrices por el suelo?

   secarlo   **regarlo**   **enriquecerlo**

4. ¿Para qué usan el árbol estos animales?

   agua   **refugio**

Harcourt

Parte II   Comprender los conceptos científicos

Estos animales satisfacen sus necesidades con la hierba. Encierra la palabra que dice lo que necesitan.

5.

agua

refugio

6.

aire

alimento

Estos animales ayudan a las plantas. Encierra las palabras que dicen lo que hacen.

7.

mover el polen

hallar agua

8.

enriquecer el suelo

esparcir semillas

Harcourt

Nombre _____

Traza una línea desde cada ilustración hasta lo
que las plantas o los animales les dan a las personas.

9.

  • alimento

10.

  • refugio

11.

  • belleza

12.

Harcourt

Nombre _____

Parte III   Aplicación de las destrezas

Destrezas del proceso científico: observar, investigar, clasificar

Encierra la palabra que dice de donde proviene cada producto.

13.

animales

plantas

14.

animales

plantas

15. Encierra las palabras que dicen lo que hace el perro por la mujer.

escucha por ella

ve por ella

16. Escribe la palabra que dice de donde proviene cada producto.

planta

animal

_____
- - - - - - - - - - - - - - -
_____

_____
- - - - - - - - - - - - - - -
_____

Harcourt

Cómo los animales usan las plantas

Materiales

marcadores o creyones

tarjetas

papel rayado

Esta ilustración muestra una ardilla usando una planta para satisfacer sus necesidades. ¿Cuál de sus necesidades satisface el animal?

1. Enumera tres plantas que los animales usan para satisfacer sus necesidades.

2. Haz una tarjeta para mostrar cada animal usando su planta.

3. Muestra cada tarjeta y di cómo el animal usa la planta.

Harcourt

Cómo los animales usan las plantas

Materiales hojas de tareas de rendimiento, marcadores o creyones, tarjetas, papel rayado

Duración 20–30 minutos

Sugerencias para la agrupación individuales o grupos pequeños

Procesos científicos comunicar, observar

Sugerencias para la preparación Cuente las tarjetas por cada niño con anterioridad. Quizás quiera cortar la cartulina en pedazos de 4 pulg × 6 pulg.

Introducción de la tarea Deduzca que el árbol puede ser una casa; el pájaro lo usa para satisfacer su necesidad de refugio. Pida a los niños que sugieran otras plantas que los animales usan para alimento y agua. Distribuya los materiales. Lea en voz alta el título y el párrafo que está debajo de éste. Pida a un voluntario que conteste la pregunta. (Satisfacer su necesidad de refugio). Lea las instrucciones con los niños. Pida a voluntarios que digan lo que pondrán en sus listas y dibujarán en sus tarjetas. Diga a los niños que escriban sus listas en el papel rayado. Recuérdeles que al terminar compartan sus tarjetas.

Estimular el debate Cuando los niños hayan terminado, pídales que le muestren a la clase la tarjeta de otro niño y expliquen cómo el animal ilustrado usa la planta.

Puntuación

Indicadores del rendimiento

_____ Enumera varias plantas que usan los animales.

_____ Hace ilustraciones que representan con precisión cómo los animales usan las plantas de la lista.

_____ Explica claramente cómo los animales usan las plantas para satisfacer sus necesidades.

_____ Explica lo que sucede con la tarjeta de otro niño.

Observaciones y puntuación

3	2	1	0

Harcourt

Un lugar para vivir

Parte 1   Vocabulario

Traza una línea hasta las palabras que completan cada oración.

1. Un lugar árido que recibe mucha luz • y poca lluvia es un

   • **bosque**

2. Un lugar donde el suelo es húmedo y   • crecen muchos árboles es un

   • **desierto**

3. Un lugar que es húmedo todo el año • y tiene muchos árboles es un

   • **bosque tropical**

4. Una masa de agua   • salada grande es un

   • **océano**

5. Las plantas del   • océano son

   • **algas**

Harcourt

Nombre _____

Encierra la respuesta a cada pregunta.

6. ¿Qué ayuda a estas plantas a crecer en el bosque?

   suelo húmedo

   suelo seco

7. ¿Qué consiguen estos animales en el bosque?

   refugio

   hojas cerosas

8. ¿Qué pueden retener estas plantas del desierto en sus hojas y tallos?

   suelo

   agua

Harcourt

Nombre _____

Encierra las palabras o la ilustración para contestar cada pregunta.

9. ¿Dónde obtienen agua algunos animales del desierto?

   del océano   de las plantas

10. ¿Qué animal vive en el nivel medio del bosque tropical?

 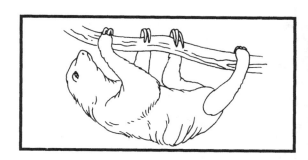

11. ¿Qué cubre más de la mitad de la Tierra?

   tierra   océanos

12. ¿Qué obtienen las plantas del nivel medio del bosque tropical?

   frío   luz

Unidad B • Capítulo 2   (página 3 de 4)   Guía de evaluación AG 27

Parte III   Aplicación de las destrezas

Destrezas del proceso científico: clasificar, comparar

13. Escribe las letras para completar esta tabla.
La hilera superior se hizo como ejemplo.

d = **desierto**   o = **océano**
b = **bosque**   bt = **bosque tropical**

Animal	Planta	Dónde viven
		bt
		_____
		_____
		_____

14. Encierra la parte de la tortuga de mar
que la ayuda a nadar.

caparazón

aletas

Harcourt

¿Quién vive aquí?

Materiales

palillos de dientes

palitos de felpilla

cartulina

semillas

marcadores

pelota de estireno

tapas de botellas

hilo

pajitas

Lugares para vivir

bosque   desierto

bosque tropical   océano

1. Elige uno de los lugares para vivir.

2. Enumera las partes del cuerpo que un animal necesita para vivir allí.

3. Haz un modelo de un animal que podría vivir allí.

4. Comparte tu modelo.

Harcourt

Instrucciones para el maestro

¿Quién vive aquí?

Materiales hojas de tarea de rendimiento, palillos de dientes, palitos de felpilla, pedazos de cartulina, pelota de estireno, semillas, marcadores, tapas de botellas, hilo, pajitas

Duración 20–30 minutos

Sugerencias para la agrupación en parejas o grupos pequeños

Procesos científicos clasificar, comunicar

Sugerencias para la preparación Clasifique una variedad de materiales en bolsas pequeñas, una por cada niño. Ponga materiales adicionales sobre la mesa para que los niños los usen.

Introducción de la tarea Pida a los niños que piensen sobre los animales del bosque y las partes del cuerpo que los ayudan a satisfacer sus necesidades en el bosque. Pida a los niños que nombren los animales que viven en otros lugares y digan cómo las partes del cuerpo los ayudan a satisfacer sus necesidades allí. Asegúrese de mencionar animales del desierto, bosque tropical y océano. Distribuya los materiales. Lea en voz alta el título de la Tarea de rendimiento y la lista de Lugares para vivir. Luego ayude a los niños a leer las instrucciones.

Estimular el debate Pida a los niños que seleccionaron el mismo lugar para vivir, que comparen sus animales. Pida a los grupos que hablen sobre cómo las partes del cuerpo de sus animales los ayudaron a satisfacer sus necesidades.

Puntuación

Indicadores del rendimiento

_____ Enumera más de una adaptación que un animal necesita hacer para vivir en el lugar elegido.

_____ Explica claramente qué adaptaciones necesita un animal y por qué.

_____ Hace un modelo de un animal con pedazos de material.

_____ Explica a la clase cómo cada parte del animal lo ayuda a vivir en el lugar elegido. Por ejemplo, sus modelos podrían mostrar un animal que tiene uñas de las patas fuertes para trepar árboles.

Observaciones y puntuación

3	2	1	0

Nombre _____

Fecha _____

La superficie de la Tierra

Parte 1 Vocabulario

Encierra la palabra que contesta cada pregunta.

1. ¿Cuál es un ser no vivo y duro?

   roca   **árbol**

2. ¿Qué está hecho de
   pedacitos de roca?

   suelo   **arena**

3. ¿Qué está hecho de
   pedacitos de roca y
   plantas y animales muertos?

   arena   **suelo**

4. ¿Qué puedes determinar cuando
   sostienes una roca o un poco
   de tierra?

   su sabor   **su textura**

Harcourt

Nombre _____

Encierra la letra al lado de la palabra que completa cada oración.

5. Una manera de clasificar rocas es por su

      A olor   **B** color   **C** sonido

6. Los productos de vidrio están hechos de

      F arena   **G** agua   **H** aire

7. Una 🌿 necesita tierra para

      A moverse   **B** oír   **C** crecer

8. ¿Qué pueden hacer las personas de las rocas?

     F   **G**   **H**

Harcourt

9. Dibuja un animal que usa la tierra para hacer su casa.

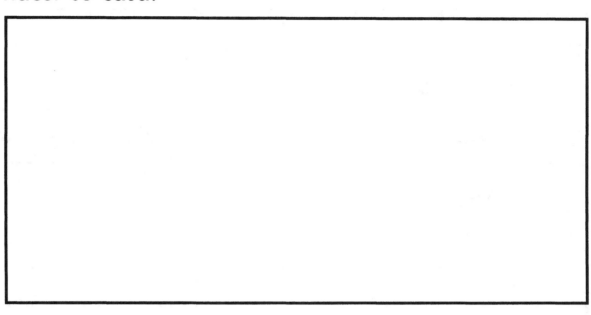

10. Encierra lo que los agricultores siembran en la tierra.

 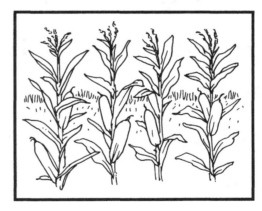

11. Nombra algo que enriquece el suelo.

_____

_____

_____

Harcourt

Nombre _____

Destrezas del proceso científico: comparar, clasificar

12. Completa la tabla. Escribe **s** para sí y escribe **n** para no.

Tipo	Textura	Retiene agua
tierra	húmeda	**S**
arcilloso	pegajoso	_____
arenoso	áspero	_____

Traza una línea desde cada tipo de suelo hasta su color.

13. arenoso •   • café oscuro

14. arcilloso •   • rojo o amarillo

15. tierra •   • café claro

16. ¿Qué tipo de suelo es mejor para sembrar?

_____

_____

_____

Harcourt

Nombre _____ Fecha _____

Prueba del suelo

Materiales

 **6 vasos de papel**   **agua**   **tierra**

 arcilla   **arena**   **marcador**

1. Haz un agujero en el fondo de los tres vasos.

2. Pon tierra en un vaso, arcilla en otro y arena en el último vaso.

3. Escribe *Tierra* en un vaso vacío. Sostén el vaso de tierra encima de él. Vierte agua sobre la tierra.

4. Escribe *Arcilla* y *Arena* en dos de los vasos vacíos. Vierte agua en la arcilla y la arena sobre estos vasos.

5. Compara las cantidades de agua en los vasos. Ordena los vasos en orden del que tiene más al que tiene menos.

Harcourt

TAREA DE RENDIMIENTO

Prueba del suelo

Materiales
hojas de tarea de rendimiento, vasos, marcador, tierra, arcilla, arena, agua

Duración
20–30 minutos

Sugerencias para la agrupación
parejas o grupos pequeños

Procesos científicos
comparar, clasificar

Sugerencias para la preparación Quizás quiera pedirle a un voluntario que mida los tipos de suelo para cada niño con anticipación.

Introducción de la tarea Ayude a los niños a recordar los tres tipos de suelo (arcilloso, arenoso, tierra). Pídales que digan con qué facilidad drenó el agua por la arcilla, la arena y la tierra. Dígales que van a hacer un experimento para ver con qué facilidad drena el agua por los tres tipos de suelo. Distribuya los materiales y pida a voluntarios que lean las instrucciones en voz alta, diciendo de nuevo en sus propias palabras, lo que van a hacer.

Estimular el debate Cuando los niños terminen, pídales que comuniquen lo que observaron. Luego llame a voluntarios para que muestren el suelo arcilloso, arenoso y la tierra. Pídales que se pongan en orden de acuerdo a las cantidades de agua que drenaron por los tres tipos de suelo.

Puntuación

Indicadores del rendimiento

_____ Arregla correctamente los vasos con los tres tipos de suelo.

_____ Compara las cantidades de agua que drenaron por los tres tipos de suelo.

_____ Ordena los vasos del que tiene más cantidad de agua al que tiene menos.

_____ Explica claramente que la mayor cantidad de agua drenó por la arena, después por la tierra y por último por la arcilla.

Observaciones y puntuación

3	2	1	0

Harcourt

Nombre _____

Fecha _____

El aire y el agua de la Tierra

Parte I   Vocabulario

Traza una línea desde la palabra hasta el lugar del mapa que lo nombra.

1. lago   •

2. río   •

3. arroyo   •

4. Colorea de azul el agua dulce.

5. Colorea de verde el agua salada.

Harcourt

6. ¿Qué sentimos cuando el viento sopla?
Encierra la palabra en un círculo.

aire   **cielo**   **nubes**

Parte II   Comprender los conceptos científicos

Encierra la letra de la mejor elección.

7. ¿Qué alza una cometa hacia
el cielo?

A nubes   **B** sol   **C** aire

8. ¿Qué sabes cuando ves burbujas
en el agua?

F El agua está muy fría.

G No debes beber el agua.

H Hay aire en el agua.

9. ¿Qué se le debe quitar al agua del
océano antes de que las personas la
puedan beber?

A nubes   **B** sal   **C** luz solar

Harcourt

10. Encierra la ilustración que **NO** muestra que el viento se mueve.

Traza una línea hasta las palabras que mejor completan la oración.

11. La mayoría de los lagos tienen   •

                              • agua salada.

12. Los océanos tienen   •

                              • agua dulce.

13. ¿Qué tipo de agua cae como lluvia?

 _____

_____

Encierra la palabra que mejor completa la oración.

14. Antes de que las personas beban agua, se deben asegurar de que está

        fría   **limpia**

Harcourt

Parte III   Aplicación de las destrezas

Destrezas del proceso científico: inferir, comunicar

15. Encierra la palabra que dice
qué hay en las burbujas.

agua   **aire**

16. ¿Cuánto de la Tierra está cubierta por océanos?
Encierra en un círculo para mostrar.

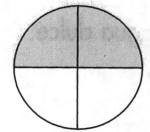   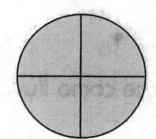   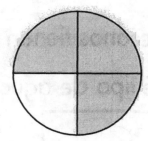

Encierra la letra de la mejor respuesta.

17. ¿Qué cosa no contiene aire?

A agua   **B** roca   **C** suelo

18. ¿Qué sentido nos ayuda a saber si el
aire se mueve?

F vista   **G** gusto   **H** olfato

Harcourt

Nombre _____ Fecha _____

Cometas de animales

Materiales

 cartulina

 hilo

 papel

 marcadores o creyones

 tijeras

serpentinas de papel de seda

 cinta adhesiva

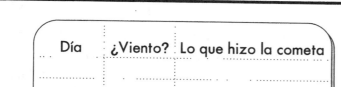

Día	¿Viento?	Lo que hizo la cometa

1. Dibuja un animal lo suficientemente grande para que sea una cometa. Recórtalo.

2. Pega las serpentinas y un hilo a tu animal.

3. Saca tu cometa. Agárrala por el hilo.

4. Vuela tu cometa todos los días durante una semana. Escribe lo que sucede.

5. Haz una tabla para compartir lo que aprendes.

Harcourt

Cometas de animales

Materiales
cartulina, 12 pedazos de hilo de 12 pulg, marcadores o creyones, serpentinas de papel de seda, tijeras, cinta adhesiva, hojas de tarea de rendimiento, lápices, papel

Duración
20–30 minutos

Sugerencias para la agrupación
individuales o grupos pequeños

Procesos científicos
observar, inferir, comunicar

Sugerencias para la preparación
Haga suficientes serpentinas para que cada niño tenga varias.

Introducción de la tarea
Pregunte a los niños qué claves podrían buscar mirando por la ventana del salón de clases, para determinar si el viento sopla y lo fuerte que sopla (por ejemplo, los papeles y las hojas volando por el patio de la escuela, las hojas de los árboles moviéndose, las personas sosteniendo sus sombreros). Explique que van a hacer cometas de animales que mostrarán si el viento sopla y cuánto sopla. Distribuya las hojas de tarea de rendimiento. Ayude a los niños a leer la lista de materiales y pídales que vean la ilustración. Pregunte si pueden decir cómo usarán los materiales para hacer sus cometas. Ayúdelos a leer las instrucciones. Permita que los niños hagan sus cometas, las saquen para probarlas y recuérdeles anotar los resultados. Repita el procedimiento cada día durante una semana.

Estimular el debate
Al final de la semana, pida a los niños que comuniquen lo que sucedió cada día.

Puntuación

Indicadores del rendimiento

_____ Arma la cometa con éxito.

_____ Realiza el experimento diariamente.

_____ Anota con precisión los resultados.

_____ Hace una tabla precisa y la usa para comunicarle a la clase sobre volar una cometa.

Observaciones y puntuación

3	2	1	0

Harcourt

Nombre _____

Fecha _____

Medir el clima

Parte I   Vocabulario

Traza una línea desde cada ilustración hasta la palabra o palabras que correspondan.

1.    •   • ciclo del agua

2.    •   • clima

3.    •   • termómetro

4.    •   • viento

Escribe la palabra o palabras que mejor completan la oración.

vapor de agua evapore temperatura condense

5. A lo caliente o a lo frío que algo está le llamamos

_____

- -

_____.

Harcourt

6. El agua que no puedes ver en el aire es

_____

- -

_____.

7. El aire cálido hace que el agua se

_____

- -

_____.

8. El aire más frío hace que el vapor de agua se

_____

- -

_____.

Parte II   Comprender los conceptos científicos

9. ¿Qué estudia un meteorólogo?

_____

- -

_____

Encierra la letra de la palabra que mejor completa la oración.

10. En la noche, sin la luz solar, el aire es

A nublado   **B** más frío   **C** más caliente

Harcourt

11. Encierra la letra de la ciudad con la
MAYOR posibilidad de recibir lluvia.

F

G

H

Escribe la palabra que mejor completa cada oración.

lluvia	vapor de agua	condensa	evapora

12. En un día caluroso,
el agua se _____.

13. Cuando las gotas de agua
en una nube se hacen
pesadas, caen como _____.

14. Agua en el aire que
no puedes ver es _____.

15. Cuando el vapor de
agua se encuentra
con aire más frío éste se _____.

Harcourt

Nombre _____

Parte III   Aplicación de las destrezas

Destrezas del proceso científico: observar, comparar

16. Encierra la ilustración que muestra un
día ventoso.

17. Encierra las palabras que dicen donde el
clima es más cálido.

ciudad de Hal   **ciudad de Ann**

Harcourt

Observador del clima

Materiales

cartulina

creyones o marcadores

1. Haz un libro para anotar el clima durante una semana.

2. Dobla tres hojas de papel por la mitad. Vas a tener una portada y cinco páginas.

3. Observa el clima cada día. Coméntalo en tu libro.

4. Anota la temperatura de afuera.

5. Haz una ilustración para mostrar cómo está el clima.

6. Comparte tu libro con la clase.

Harcourt

TAREA DE RENDIMIENTO

Observador del clima

Materiales
hojas de tarea de rendimiento, cartulina, creyones o marcadores, termómetro, engrapadora o perforadora y estambre

Duración
10–15 minutos diarios

Sugerencias para la agrupación
individuales o grupos pequeños

Procesos científicos
observar, comunicar, usar números, relacionar el tiempo y el espacio

Sugerencias para la preparación
Muestre a los niños cómo doblar tres cartulinas por la mitad para hacer un libro de 6 páginas. Engrape sus páginas en el doblez o abra agujeros para que se puedan unir con estambre. Pídales que escriban *Observador del clima* en la cubierta y rotulen cada página con el nombre de un día escolar. Ponga un termómetro por fuera de la ventana para que ellos lo lean.

Introducción de la tarea
Repase con la clase varios tipos de clima diferentes y lo que significa la temperatura. Explique a los niños que van a mantener un diario de observador del clima. Lea las instrucciones a los niños. Dirija a los niños por la primera página comentando el clima afuera. Anímelos a observar las nubes, el movimiento de los árboles por el viento, la manera en que las personas están vestidas y así sucesivamente. Repita diariamente hasta que se complete el libro.

Estimular el debate
Pida a los niños que compartan sus libros. Pídales que resuman los tipos de clima que observaron durante la semana pasada.

Puntuación

Indicadores del rendimiento

_____ Anota la temperatura de afuera diariamente.

_____ Describe el clima diariamente con las palabras adecuadas como *ventoso, nublado* o *lluvioso*.

_____ Hace ilustraciones adecuadas para mostrar cómo está el clima afuera.

_____ Comparte las observaciones con la clase resumiendo el clima que observó.

Observaciones y puntuación

3	2	1	0

Harcourt

Nombre _____

Fecha _____

Las estaciones

1. Escribe la palabra que completa la oración.

Un año tiene cuatro _____ .

Traza una línea desde las palabras hasta la estación que nombran.

2. estación para sembrar las semillas •

3. estación después de la primavera •

4. estación que tiene el menor número de horas de luz •

5. estación después de verano •

• **invierno**

• **primavera**

• **otoño**

• **verano**

Harcourt

Nombre _____

Encierra la letra de la palabra que completa la oración.

6. Muchas horas de luz solar ayudan a las plantas a crecer mejor en

   A invierno   **B** verano   **C** otoño

7. Las  jóvenes nacen en

   F primavera   **G** otoño   **H** invierno

8. En muchos lugares, las hojas cambian de color en

   A verano   **B** primavera   **C** otoño

9. ¿En qué estación pueden jugar los niños en la nieve?

   _____

   -

Harcourt

Para las preguntas 10–12, traza una línea desde lo que hace un agricultor hasta la estación adecuada para esto.

Lo que hace un agricultor   La estación

10. recoge frutas y   •   • verano
    vegetales maduros

11. planta semillas   •   • primavera

12. cuida las cosechas •   • otoño
    a medida que crecen

13. ¿En qué estación vemos que las plantas comienzan a brotar del suelo?

_____
- - - - - - - - - - - - - - - - - - - -
_____

Harcourt

Parte III   Aplicación de las destrezas

Destrezas del proceso científico: ordenar, predecir, investigar

La siguiente gráfica muestra las horas de luz
en un día.

14. Pon una **X** encima
del nombre de la
estación que tiene el
mayor número de
horas de luz.

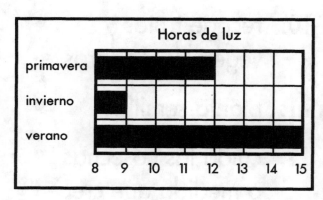

15. ¿En qué estación buscará esta
ardilla lo que entierra?

_____
- -
_____

16. Pon una **X** al lado de la mejor manera
de investigar lo que crecerá de una semilla.

___ Plantarla. Ponerla cerca de la ventana.
Regarla.

___ Cortarla por la mitad. Observar.

___ Tratar de conseguirla en un libro de plantas.

Harcourt

Luz y temperatura

Materiales

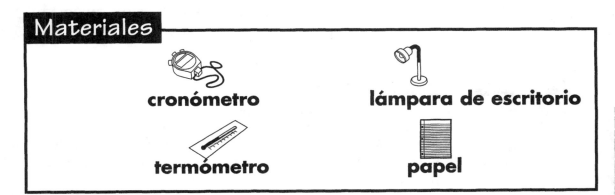

cronómetro

lámpara de escritorio

termómetro

papel

Trabaja con un compañero.

1. Haz una tabla como ésta.

2. Pon un termómetro debajo de la lámpara.

Luz y temperatura		
Intento	Tiempo	Temperatura
1		
2		

3. Una persona prende la lámpara. La otra inicia el cronómetro.

4. Prueba con tiempos cortos y largos. Anota el tiempo y la temperatura cada vez.

5. Di lo que observaste.

Harcourt

TAREA DE RENDIMIENTO

Luz y temperatura

Materiales   hojas de tarea de rendimiento, cronómetro, lámpara de escritorio, termómetro, papel

Duración   20–30 minutos

Sugerencias para la agrupación   en parejas

Procesos científicos   ordenar, comunicar

Sugerencias para la preparación   Reúna los materiales. Determine los intervalos de tiempo por cada intento. Quizás desee usar 10 segundos, 30 segundos, 1 minuto y 2 minutos.

Introducción de la tarea   Ponga los títulos *Verano* e *Invierno* en la pizarra. Pida a voluntarios que escriban las diferencias que vean en las estaciones (por ejemplo, en la ropa que usan, en lo que pueden jugar al aire libre). Asegúrese de que los niños piensen acerca de la duración de los días durante cada estación. Distribuya los materiales. Lea las instrucciones en voz alta y luego pida a voluntarios que expliquen lo que cada instrucción les pide que hagan. Repita la actividad varias veces y pida a los niños que anoten sus resultados.

Estimular el debate   Pida a los niños que compartan los resultados de sus investigaciones. Pregúnteles durante qué período de tiempo la temperatura era más caliente (el período más largo). Diríjalos a comprender que mientras más largo es el período de luz, más alta es la temperatura. Ayude a los niños a relacionar esto con el verano cuando los días son más largos y las temperaturas más calientes.

Puntuación

Indicadores del rendimiento

_____ Hace una tabla precisa para los datos.

_____ Prende y apaga las luces correctamente para cada período de tiempo enumerado.

_____ Anota los datos en la hoja con precisión.

_____ Reporta los resultados claramente a la clase.

Observaciones y puntuación

3   2   1   0

Harcourt

Evaluación del capítulo

Investigar la materia

Escribe la letra de la palabra que mejor complete la oración.

A cambiar	**C** gas	**E** líquido	**G** hundir
B flota	**D** materia	**F** mecánico	**H** sólido

El aire que llena el tubo es un **1.** ___.

El tubo mantiene su forma así que es un **2.** ___.

El tubo **3.** ___ encima de un **4.** ___.

Las gafas protectoras se van a **5.** ___.

Un **6.** ___ puede arreglar el bote pequeño.

Todo lo que está en la ilustración es **7.** ___

Puedes **8.** ___un objeto al doblarlo.

Harcourt

Nombre _____

Parte II   Comprender los conceptos científicos

Encierra la letra de la mejor respuesta.

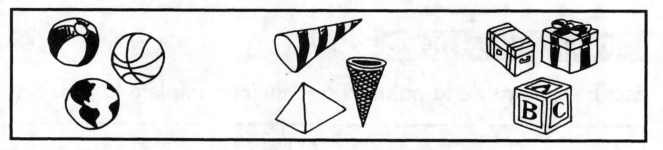

9. ¿Cómo se clasifican estos sólidos?

   A por la forma

   B por el sonido

   C por el color

10. ¿Cuál es una manera de medir los líquidos?

   F por el color

   G por la forma

   H por la cantidad

11. ¿Qué objeto flota?

   A un ancla

   B un corcho

   C plastilina

12. ¿Qué hay dentro de una pelota de playa que la ayuda a flotar?

_____

- -

_____

13. ¿Qué líquidos **NO** se mezclan?

   F soda y agua

   G aceite y agua

   H leche y agua

Harcourt

Traza una línea hasta lo que sucederá.

14. Si llenas un
frasco con
agua, •

• ocupará el
espacio
del frasco.

15. Si llenas un
frasco con
canicas, •

• ocupará la
forma del
frasco.

16. Si llenas un
frasco con
gas, •

• mantendrá
su forma.

17. Escribe dos maneras de clasificar estos objetos.

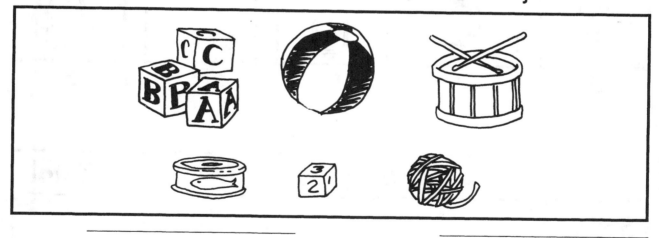

_____   _____
- - - - - - - - - - - - - - - - -   - - - - - - - - - - - - - - - - -
por su _____   por su _____

Harcourt

Nombre _____

Parte III   Aplicación de las destrezas

Destrezas del proceso científico: recopilar y anotar datos, sacar conclusiones

18. Pon una **X** debajo de las palabras
que dicen que **NO** se mezclan.

agua tibia   agua tibia   agua y
y agua fría   y cubos de hielo   aceite

_____   _____   _____

19. Observa las botellas. Haz una marca de conteo para
cada botella.

    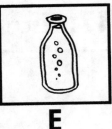

A   B   C   D   E

Materia

	A	B	C	D	E	Total
Sólido						
Líquido						
Gas						

Harcourt

Mezclar y ver

Materiales

1 canica	1 palillo de dientes	1 bolita de algodón	1 clip
agua	papel	recipiente de plástico transparente	

1. Vas a poner cuatro cosas en el agua.

2. Di lo que piensas que le sucederá a cada una.

3. Pon cada cosa en el agua. Luego escribe *sí* o *no* para mostrar lo que sucedió.

La prueba del agua

	Mantiene su forma	Pierde su forma	Se hunde	Flota
Bolita de algodón				
Canica				
Palillo de dientes				

TAREA DE RENDIMIENTO

Mezclar y ver

Materiales canicas, palillos de dientes, bolitas de algo-dón, clips, agua, papel, recipientes de plástico transparentes

Duración 20–30 minutos

Sugerencias para la agrupación en parejas

Procesos científicos predecir, anotar datos

Sugerencias para la preparación Establezca un área donde los niños puedan obtener agua. Reúna otros materiales.

Introducción de la tarea Deduzca las diferentes cosas que pueden suceder cuando los objetos se ponen en agua (por ejemplo, los salvavidas flotan; las anclas se hunden; las cosas de papel pueden perder su forma). Diga a los niños que harán algunas predicciones sobre lo que le sucederá a algunas cosas cuando las ponen en agua. Distribuya las hojas de tarea de rendimiento y los materiales. Pida a los niños que lean las instrucciones en silencio. Luego pida a voluntarios que expliquen las instrucciones para que los niños puedan confirmar o corregir su comprensión.

Estimular el debate Cuando los niños terminen, pídales que compartan los resultados de sus tareas con un compañero. Pida a los niños que digan si sus predicciones fueron correctas o incorrectas.

Puntuación

Indicadores del rendimiento

_____ Escribe una predicción sobre lo que le sucederá a los cuatro objetos.

_____ Sigue las instrucciones para sumergir los cuatro objetos.

_____ Anota los resultados con precisión.

_____ Expresa claramente tanto las predicciones como los resultados de los objetos que sumergió.

Observaciones y puntuación

3	2	1	0

Harcourt

Nombre _____

Fecha _____

El calor y la luz

Traza una línea para emparejar cada palabra con su ilustración.

1. derretir   •

2. prisma   •

3. reflejar   •

4. refractar   •

Escribe la palabra que complete la oración.

5. El Sol nos da luz y

_____

- -

_____

Harcourt

Parte II   Comprender los conceptos científicos

6. Escribe una **X** debajo de las cosas que emiten calor.

___

___

___

___

Traza una línea desde las palabras hasta las ilustraciones que describen.

7. Qué le puede hacer el calor a los gases   •

8. Qué le puede hacer el calor a los líquidos   •

•

Harcourt

9. Haz una ilustración
de un árbol
reflejado en un lago.

Escribe la letra de la respuesta correcta.

___ **10.** La luz está hecha de muchos

    A gases   **B** colores   **C** prismas

___ **11.** Cuando derrites un sólido éste se convierte en un(a)

    F gas   **G** luz   **H** líquido

___ **12.** La luz se puede descomponer o ___, donde el
agua y el aire se juntan.

    A refractar   **B** reflejar   **C** derretir

13. ¿En qué tipo de materia se convierte el
agua hirviendo?

_____

_____

_____

Harcourt

Nombre _____

Parte III   Aplicación de las destrezas

Destrezas del proceso científico: usar números, recopilar datos

14. Encierra la parte del día en que el asta
de la bandera tiene la sombra más grande.

| **mañana** | **tarde** | **mediodía** |

15. Observa las ilustraciones y completa la tabla.
Escribe una **X** en la tabla para mostrar qué
vaso está al sol y qué vaso
está en la sombra.

Vaso	Temperatura del agua	Sol	Sombra
A			
B			

Harcourt

Cómo cambian las sombras

Materiales

linterna

carpeta

cartulina

regla

tijeras

Trabaja con un compañero. Túrnense para sostener la linterna y hacer sombras.

1. Recorta una figura de cartulina.

2. Dirige la luz de la linterna sobre la carpeta.

3. Usa la figura de cartulina para hacer sombras.

4. Acerca la figura a la luz. Aléjala.

5. Mide la altura de cada sombra y anota los resultados.

6. Haz una ilustración para mostrar cómo cambia la sombra.

Harcourt

Cómo cambian las sombras

Materiales	linternas, carpetas, cartulina, reglas, tijeras
Duración	30 minutos
Sugerencias para la agrupación	grupos de tres
Procesos científicos	recopilar datos, anotar

Sugerencias para la preparación Quizás quiera llevar a los niños afuera en un día soleado con sus figuras de cartulina y carpetas para que usen el Sol como una fuente de luz para hacer las sombras.

Introducción de la tarea Pregunte a los niños sobre las veces en que ven sus sombras. Asegúrese de que comprenden que cuando se bloquea la luz, se forma una sombra. Diga a los niños que van a hacer sus propias sombras y que van a experimentar con lo que sucede cuando la figura que bloquea se acerca o se aleja de la luz. Pídales que predigan lo que sucederá y escriba sus ideas en una hoja de papel. Ellos necesitarán mantener sus carpetas perpendicularmente a la luz y los objetos paralelamente a las carpetas.

Estimular el debate Ayude a los niños a resumir sus hallazgos preguntándoles que recuerden cómo hicieron una sombra. Pídales que compartan sus resultados e ilustraciones de los experimentos. ¿Cómo cambiaron el tamaño de una sombra? Refiérase a las predicciones y pida a los niños que las comparen con sus hallazgos.

Puntuación

Indicadores del rendimiento

_____ Usa una figura de cartulina para hacer sombras de diferentes tamaños.

_____ Mide la altura de cada sombra y anota los resultados.

_____ Hace una ilustración para mostrar el cambio de tamaño de la sombra.

_____ Explica cómo cambia el tamaño de la sombra.

Observaciones y puntuación

3	2	1	0

Harcourt

Empujar y jalar

Parte 1   Vocabulario

Traza una línea para emparejar cada palabra con su ilustración.

1. empujar •

2. jalar •

3. zigzag •

4. rueda •

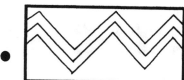

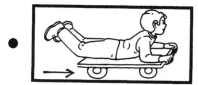

Encierra la palabra que complete la oración.

5. La acción de empujar o jalar es un(a)

> **superficie**   **fuerza**   **bloque**

6. Moverse de un lugar a otro se llama

> **movimiento**   **rampa**   **plano**

Harcourt

7. La parte de arriba o de afuera de algo se llama su

fricción   **empuje**   **superficie**

8. Una fuerza que hace más difícil mover las cosas es un(a)

jalar   **zigzag**   **fricción**

Parte II   Comprender los conceptos científicos

9. Encierra las cosas que se empujan.

10. Pon una **X** debajo del animal que se mueve más rápido.

_____   _____

Harcourt

Encierra la letra de la respuesta correcta.

11. Un camino que cambia de dirección es un

    A desvío   **B** zigzag   **C** tiro al blanco

12. Una pelota rueda más lejos en una

    F superficie áspera

    G superficie lisa

    H superficie desigual

13. Pon una **F** debajo de la casilla que es más fácil de jalar.

    _____   _____

14. Encierra la superficie que tiene más fricción.

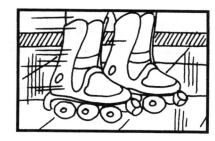   

Harcourt

Parte III Aplicación de las destrezas

Destrezas del proceso científico: medir, sacar una conclusión

15. Observa las ilustraciones. Luego completa la tabla.

Metros que se movió en un minuto

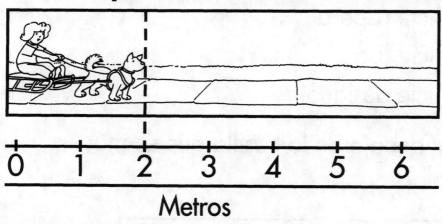

Metros

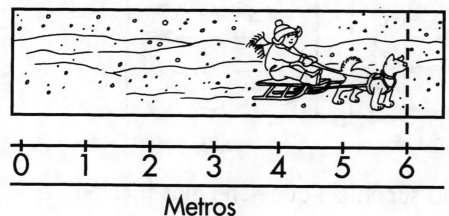

Metros

Metros que se movió en un minuto

En la acera	
En la nieve	

Harcourt

Juego de empujar

Materiales

tapa de una caja

creyones o marcadores

tapa de una botella

plastilina

palito

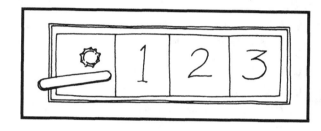

1. Haz que la tapa de tu caja se vea como un tablero de juegos como el de la ilustración.

2. Usa el palito para empujar la tapa de la botella y ver dónde se detiene. ¿Cuántos puntos anotaste?

3. Observa cuántos puntos puedes anotar al empujar tres veces.

4. Agrega un pedazo de plastilina al fondo de la tapa de la botella. Trata de empujarla otra vez.

5. Describe la fuerza que se necesita para mover la tapa de la botella con y sin la plastilina.

Harcourt

Juego de empujar

Materiales	tapas de cajas de zapatos, creyones o marcadores, tapas de botellas, plastilina, palitos
Duración	20–30 minutos
Sugerencias para la agrupación	individual y grupos pequeños
Procesos científicos	usar un modelo

Sugerencias para la preparación   Puede sustituir papel de dibujo para las tapas de las cajas, fichas o pedacitos de papel para las tapas de las botellas y reglas o lápices para los palitos. Prepare un tablero de muestra.

Introducción de la tarea   En el tablero de muestra, pretenda empujar una tapa de una botella pero deténgase antes de hacerlo. Pida a los niños que predigan en qué dirección irá la tapa de la botella. Continúe y empuje para que los niños vean si tenían razón. Luego pida a voluntarios que pretendan empujar y otros predigan dónde irá la tapa de la botella. Distribuya las hojas de tarea de rendimiento y pida a los niños que lean las instrucciones en silencio. Distribuya los materiales que faltan. Pida a voluntarios que describan lo que harán al terminar la tarea.

Estimular el debate   Pida a los niños que comuniquen sus puntuaciones y sus experiencias al mover la tapa de la botella con y sin la plastilina pegada a ésta. ¿Qué piensan los niños que es la razón de la diferencia? (La plastilina produjo fricción que hizo difícil mover la tapa de la botella.)

Puntuación

Indicadores del rendimiento

_____ Hace un tablero de juegos con los números 1, 2 y 3.

_____ Empuja la tapa de la botella usando un palito.

_____ Anota el número de puntos ganados.

_____ Compara la cantidad de fuerza que se necesita para mover la tapa de la botella con y sin plastilina pegada a ésta.

Observaciones y puntuación

3	2	1	0

Harcourt

Evaluación del capítulo

Imanes

Parte 1   Vocabulario

Traza una línea desde la palabra hasta la ilustración que corresponde.

1. polos •

2. repeler •

3. atraer •

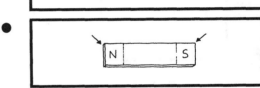

Encierra la mejor respuesta.

4. Un pedazo de hierro que puede jalar cosas
   es un(a) ___ .

   roca   **piedra**   **imán**

5. La(El) ___ de un imán es lo fuerte que jala.

   polo   **fuerza**   **plan**

6. Una ___ puede atravesar el papel.

fuerza magnética fuerza natural fuerza pequeña

Harcourt

7. Un imán le puede dar fuerza magnética o ___ las cosas que atrae.

magnetizar   **repeler**   **empujar**

Parte II   Comprender los conceptos científicos

8. Encierra las cosas que atrae un imán.

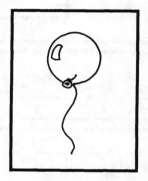   

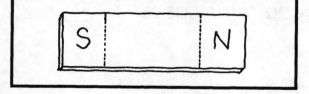 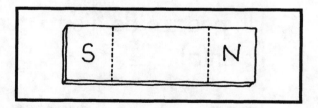

9. ¿Qué polo atraerá el polo *S* de otro imán? Pon una **X** sobre éste.

10. Pon una **X** sobre el polo que repelerá el polo *S* de otro imán.

Harcourt

11. Escribe la palabra que completa *ambas* oraciones.

Todos los imanes contienen ___.

_____

- -

Los imanes atraen objetos que están hechos de ___.

_____

Escribe la letra de la mejor respuesta.

___ **12.** ¿Dónde está la parte del imán que jala más fuerte?

    A en los polos

    B en el medio

    C cerca de los polos

___ **13.** ¿Con qué puedes hacer un imán?

    F un creyón

    G un libro

    H un clavo

___ **14.** ¿Qué tipo de imán se halla en la tierra?

    A una piedra preciosa

    B una calamita

    C un diamante

Harcourt

Nombre _____

Parte III   Aplicación de las destrezas

Destrezas del proceso científico: inferir, investigar

15. Pon una **X** al lado de la oración que dice lo que puedes inferir de esta ilustración.

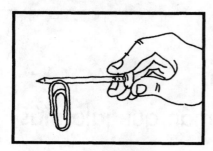

____ El clavo repele el clip.

____ El clavo se ha magnetizado.

16. Escribe 1, 2, 3 para mostrar el orden que usarías para investigar cómo hacer un imán a partir de un clavo.

____ Ver si el clavo recogerá clips.

____ Jalar el clavo, lejos de los clips.

____ Frotar diez veces un clavo de la misma manera con un imán.

Harcourt

Comparar la fuerza magnética

Materiales

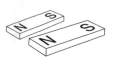

dos imanes   **clips**   **cinta adhesiva de papel**   **marcador**

1. Pon un pedacito de cinta adhesiva cerca de la mitad de cada imán. Escribe **A** en un pedazo de cinta adhesiva y **B** en otro.

2. ¿Cómo puedes determinar cuál imán es más fuerte? Planea una investigación usando dos imanes y unos cuantos clips. Luego sigue tu plan.

3. Haz una ilustración de tu investigación. Pon una estrella al lado del imán más fuerte de tu ilustración.

4. Comparte con tus compañeros de clase lo que descubriste.

Harcourt

Comparar la fuerza magnética

Materiales hojas de tarea de rendimiento, una variedad de imanes, dos diferentes por cada pareja de niños, clips, cinta adhesiva de papel, marcadores

Duración 20–30 minutos

Sugerencias para la agrupación parejas o grupos pequeños

Procesos científicos investigar, recopilar datos, anotar

Sugerencias para la preparación Cada pareja de niños necesitará de 10 a 20 clips, dependiendo del tamaño y la fuerza de los imanes.

Introducción de la tarea Pida a tres niños que elijan un imán cada uno, de la variedad que usted recopiló. Luego pida a estos niños que demuestren que lo que seleccionaron *es* un imán. Pídales que muestren cómo éste recoge o se une a los objetos de metal. Haga una lluvia de ideas con los niños sobre cómo podrían investigar cuál de los tres imanes es el más fuerte. Pida a los niños que comparen cómo atrae cada uno el mismo objeto de metal. Distribuya las hojas de tarea de rendimiento. Pida a un voluntario que lea las instrucciones en voz alta. Pida a otros niños que expliquen lo que estarán haciendo.

Estimular el debate Cuando los niños terminen, pida a las parejas que se unan a otros grupos pequeños para comparar sus trabajos. Pida a un compañero de cada pareja que describa la investigación que hicieron y su resultado. Pida a los grupos que decidan cuál de los imanes que usaron fue el más fuerte y cómo lo saben.

Puntuación

Indicadores del rendimiento

_____ Planea una investigación para determinar qué imán es más fuerte.

_____ Sigue el plan de la investigación.

_____ Hace una ilustración de la investigación.

_____ Usa la ilustración para explicar a otros la investigación y su resultado.

Observaciones y puntuación

3	2	1	0

Harcourt

Nombre _____
Fecha _____

✓ **Evaluación del capítulo**

Los seres vivos y no vivos

Parte I   Vocabulario   4 puntos cada una

Encierra la palabra que contesta la pregunta.

1. ¿Cómo llamamos a la audición, la vista, el tacto, el olfato y el gusto?

   oídos   manos   (sentidos)

Encierra la palabra que nombra las ilustraciones.

2.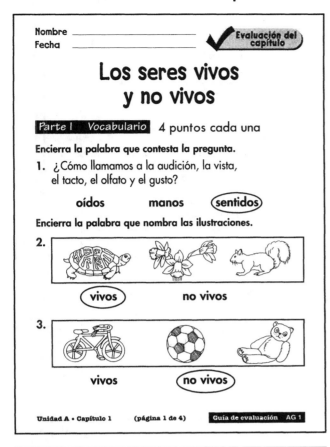

   (vivos)   no vivos

3.

   vivos   (no vivos)

Nombre _____

8 9. Encierra cada palabra que indica lo que necesitan estos seres vivos.

   (agua) (alimento)   (aire) (agua)

8 10. Encierra cada palabra que indica lo que hacen estos seres vivos.

   (crecen)   ven   (cambian)(oyen)

8 11. Encierra lo que no es vivo.

Nombre _____

Parte II   Comprender los conceptos científicos

Traza una línea desde cada sentido hasta el niño que lo usa.   6 puntos cada una

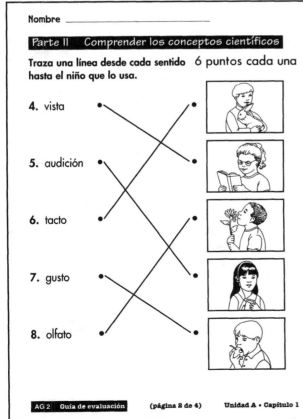

4. vista

5. audición

6. tacto

7. gusto

8. olfato

Nombre _____

Parte III Aplicación de las destrezas

17 puntos cada una

Destrezas del proceso científico: observar, comparar

12. Escribe **c** debajo de lo que crece.

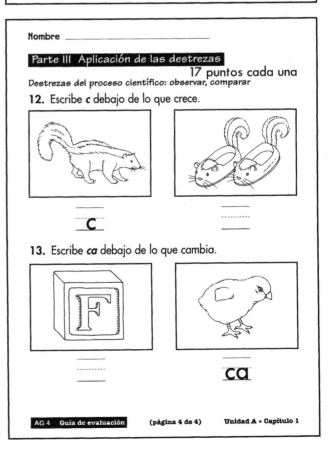

   _C_

13. Escribe **ca** debajo de lo que cambia.

   _ca_

Respuestas

Unidad A • Capítulo 2 • Todo sobre las plantas

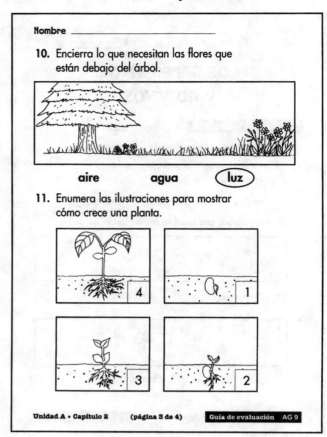

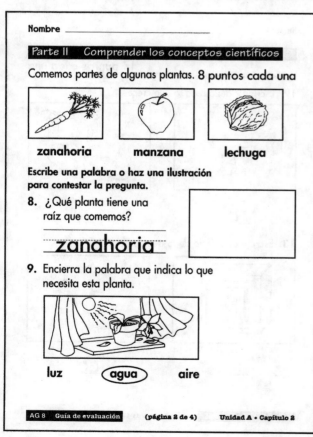

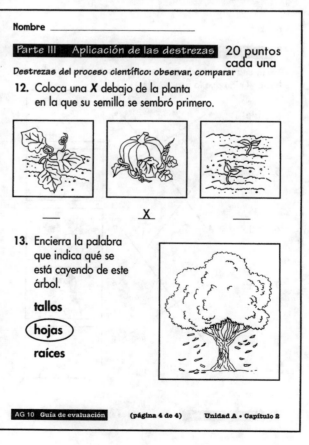

Respuestas

Nombre _____
Fecha _____

✔ Evaluación del capítulo

Todo sobre los animales

Parte I   Vocabulario   4 puntos cada una

Traza una línea desde cada palabra hasta la
ilustración que corresponda.

1. mamífero
2. anfibio
3. reptil
4. branquias
5. renacuajos
6. insecto
7. ninfa
8. salir del cascarón
9. larva

Unidad A • Capítulo 3   (página 1 de 4)   Guía de evaluación AG 13

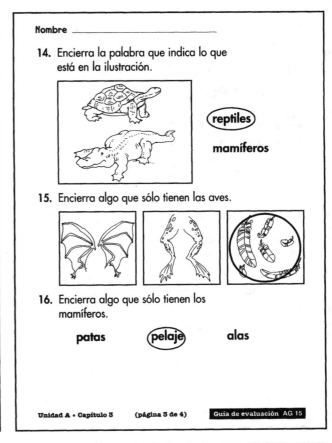

Nombre _____

14. Encierra la palabra que indica lo que
está en la ilustración.

(reptiles)

mamíferos

15. Encierra algo que sólo tienen las aves.

16. Encierra algo que sólo tienen los
mamíferos.

patas   (pelaje)   **alas**

Unidad A • Capítulo 3   (página 3 de 4)   Guía de evaluación AG 15

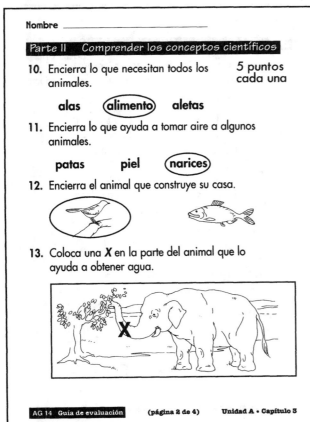

Nombre _____

Parte II   Comprender los conceptos científicos

10. Encierra lo que necesitan todos los
animales.

5 puntos
cada una

alas   (alimento)   **aletas**

11. Encierra lo que ayuda a tomar aire a algunos
animales.

patas   **piel**   (narices)

12. Encierra el animal que construye su casa.

13. Coloca una **X** en la parte del animal que lo
ayuda a obtener agua.

AG 14 Guía de evaluación   (página 2 de 4)   Unidad A • Capítulo 3

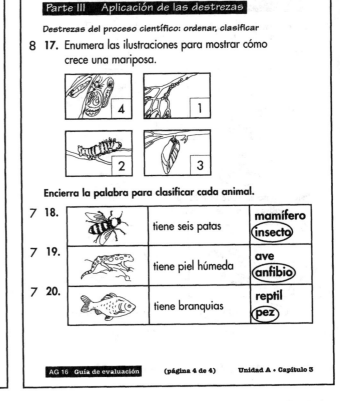

Nombre _____

Parte III   Aplicación de las destrezas

Destrezas del proceso científico: ordenar, clasificar

8 17. Enumera las ilustraciones para mostrar cómo
crece una mariposa.

4   1

2   3

Encierra la palabra para clasificar cada animal.

7 18.		tiene seis patas	**mamífero** (insecto)
7 19.		tiene piel húmeda	**ave** (anfibio)
7 20.		tiene branquias	**reptil** (pez)

AG 16 Guía de evaluación   (página 4 de 4)   Unidad A • Capítulo 3

Harcourt

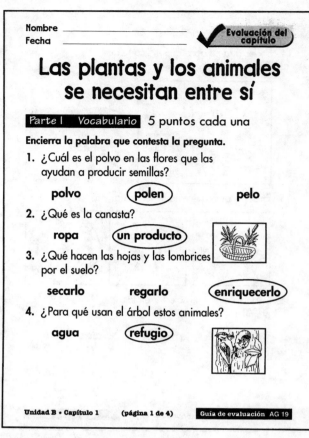

Nombre _____
Fecha _____

Evaluación del capítulo ✓

Las plantas y los animales se necesitan entre sí

Parte I   Vocabulario   5 puntos cada una

Encierra la palabra que contesta la pregunta.

1. ¿Cuál es el polvo en las flores que las ayudan a producir semillas?

   polvo   **(polen)**   pelo

2. ¿Qué es la canasta?

   ropa   **(un producto)**

3. ¿Qué hacen las hojas y las lombrices por el suelo?

   secarlo   regarlo   **(enriquecerlo)**

4. ¿Para qué usan el árbol estos animales?

   agua   **(refugio)**

Unidad B • Capítulo 1   (página 1 de 4)   Guía de evaluación AG 19

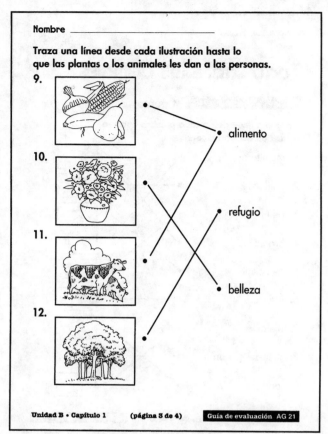

Nombre _____

Traza una línea desde cada ilustración hasta lo que las plantas o los animales les dan a las personas.

9.

10.

11.

12.

• alimento

• refugio

• belleza

Unidad B • Capítulo 1   (página 3 de 4)   Guía de evaluación AG 21

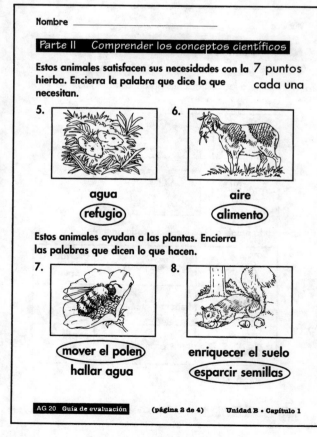

Nombre _____

Parte II   Comprender los conceptos científicos

Estos animales satisfacen sus necesidades con la hierba. Encierra la palabra que dice lo que necesitan.   **7 puntos cada una**

5.

   agua   **(refugio)**

6.

   aire   **(alimento)**

Estos animales ayudan a las plantas. Encierra las palabras que dicen lo que hacen.

7.

   (mover el polen)   hallar agua

8.

   enriquecer el suelo   **(esparcir semillas)**

AG 20 Guía de evaluación   (página 2 de 4)   Unidad B • Capítulo 1

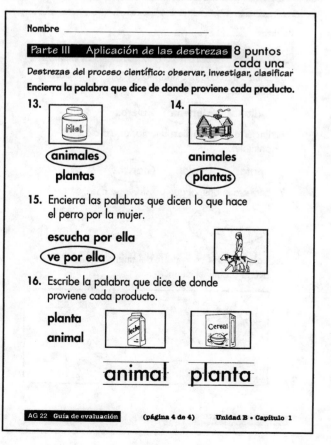

Nombre _____

Parte III   Aplicación de las destrezas   **8 puntos cada una**

Destrezas del proceso científico: observar, investigar, clasificar

Encierra la palabra que dice de donde proviene cada producto.

13.

   (animales)
   plantas

14.

   animales
   (plantas)

15. Encierra las palabras que dicen lo que hace el perro por la mujer.

   escucha por ella
   (ve por ella)

16. Escribe la palabra que dice de donde proviene cada producto.

   planta
   animal

   animal   **planta**

AG 22 Guía de evaluación   (página 4 de 4)   Unidad B • Capítulo 1

Harcourt

Nombre _____
Fecha _____

✓ Evaluación del capítulo

Un lugar para vivir

Parte I   Vocabulario   5 puntos cada una

Traza una línea hasta las palabras que completan cada oración.

1. Un lugar árido que recibe mucha luz y poca lluvia es un •
2. Un lugar donde el suelo es húmedo y crecen muchos árboles es un •
3. Un lugar que es húmedo todo el año y tiene muchos árboles es un •
4. Una masa de agua salada grande es un •
5. Las plantas del océano son •

• bosque

• desierto

• bosque tropical

• océano

• algas

Unidad B • Capítulo 2   (página 1 de 4)   Guía de evaluación AG 25

Nombre _____

Encierra las palabras o la ilustración para contestar cada pregunta.

9. ¿Dónde obtienen agua algunos animales del desierto?

del océano   (de las plantas)

10. ¿Qué animal vive en el nivel medio del bosque tropical?

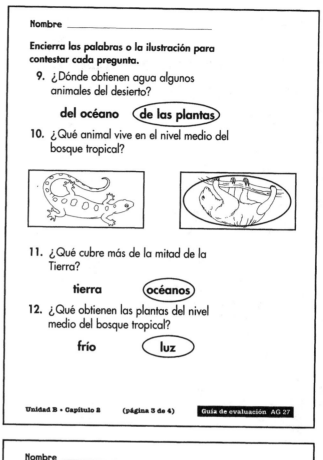

11. ¿Qué cubre más de la mitad de la Tierra?

tierra   (océanos)

12. ¿Qué obtienen las plantas del nivel medio del bosque tropical?

frío   (luz)

Unidad B • Capítulo 2   (página 3 de 4)   Guía de evaluación AG 27

Nombre _____

Parte II   Comprender los conceptos científicos

Encierra la respuesta a cada pregunta.   6 puntos cada una

6. ¿Qué ayuda a estas plantas a crecer en el bosque?

(suelo húmedo)

suelo seco

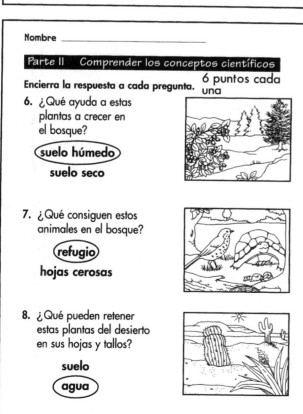

7. ¿Qué consiguen estos animales en el bosque?

(refugio)

hojas cerosas

8. ¿Qué pueden retener estas plantas del desierto en sus hojas y tallos?

suelo

(agua)

AG 26 Guía de evaluación   (página 2 de 4)   Unidad B • Capítulo 2

Nombre _____

Parte III   Aplicación de las destrezas

Destrezas del proceso científico: clasificar, comparar

20 13. Escribe las letras para completar esta tabla. La hilera superior se hizo como ejemplo.

d = desierto   o = océano
b = bosque   bt = bosque tropical

Animal	Planta	Dónde viven
		bt
		f
		d
		o

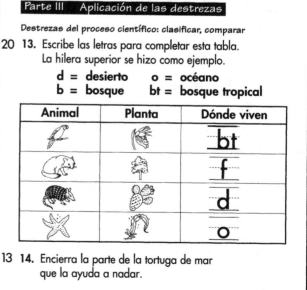

13 14. Encierra la parte de la tortuga de mar que la ayuda a nadar.

caparazón

(aletas)

AG 28 Guía de evaluación   (página 4 de 4)   Unidad B • Capítulo 2

Harcourt

Unidad C • Capítulo 1 • La superficie de la Tierra

Nombre _____
Fecha _____

Evaluación del capítulo

La superficie de la Tierra

Parte I   Vocabulario   4 puntos cada una

Encierra la palabra que contesta cada pregunta.

1. ¿Cuál es un ser no vivo y duro?

    (roca)   árbol

2. ¿Qué está hecho de pedacitos de roca?

    suelo   (arena)

3. ¿Qué está hecho de pedacitos de roca y plantas y animales muertos?

    arena   (suelo)

4. ¿Qué puedes determinar cuando sostienes una roca o un poco de tierra?

    su sabor   (su textura)

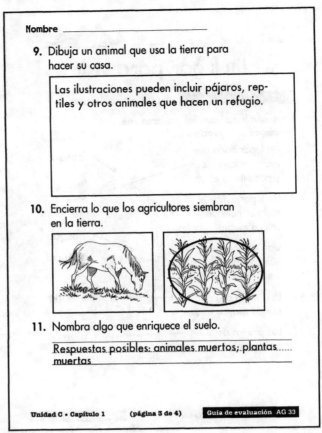

Unidad C • Capítulo 1   (página 1 de 4)   Guía de evaluación AG 31

Nombre _____

9. Dibuja un animal que usa la tierra para hacer su casa.

> Las ilustraciones pueden incluir pájaros, reptiles y otros animales que hacen un refugio.

10. Encierra lo que los agricultores siembran en la tierra.

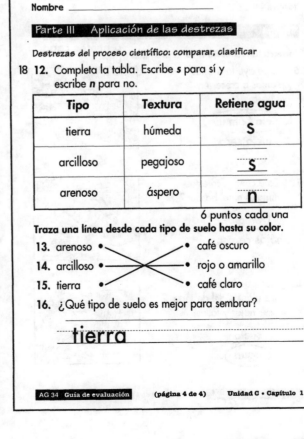

11. Nombra algo que enriquece el suelo.

    Respuestas posibles: animales muertos; plantas muertas

Unidad C • Capítulo 1   (página 3 de 4)   Guía de evaluación AG 33

Nombre _____

Parte II   Comprender los conceptos científicos

Encierra la letra al lado de la palabra 6 puntos cada una que completa cada oración.

5. Una manera de clasificar rocas es por su

    A olor   (B) color   C sonido

6. Los productos de vidrio están hechos de

    (F) arena   G agua   H aire

7. Una 🌿 necesita tierra para

    A moverse   B oír   (C) crecer

8. ¿Qué pueden hacer las personas de las rocas?

    F   (G)   H

AG 32 Guía de evaluación   (página 2 de 4)   Unidad C • Capítulo 1

Nombre _____

Parte III   Aplicación de las destrezas

Destrezas del proceso científico: comparar, clasificar

18 12. Completa la tabla. Escribe *s* para sí y escribe *n* para no.

Tipo	Textura	Retiene agua
tierra	húmeda	S
arcilloso	pegajoso	S
arenoso	áspero	n

6 puntos cada una

Traza una línea desde cada tipo de suelo hasta su color.

13. arenoso • —— • café oscuro
14. arcilloso • —— • rojo o amarillo
15. tierra • —— • café claro

16. ¿Qué tipo de suelo es mejor para sembrar?

    tierra

AG 34 Guía de evaluación   (página 4 de 4)   Unidad C • Capítulo 1

Harcourt

AG 84   Guía de evaluación   Respuestas

Nombre _____

Fecha _____

Evaluación del capítulo ✓

El aire y el agua de la Tierra

Parte I   Vocabulario   4 puntos cada una

Traza una línea desde la palabra hasta el lugar del mapa que lo nombra.

1. lago •
2. río •
3. arroyo •

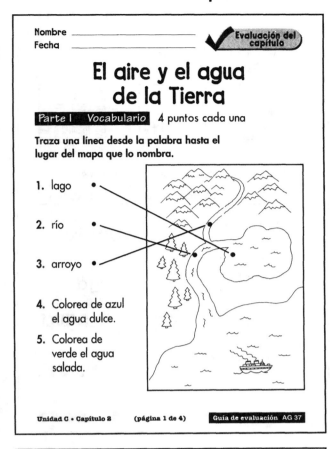

4. Colorea de azul el agua dulce.
5. Colorea de verde el agua salada.

Nombre _____

10. Encierra la ilustración que **NO** muestra que el viento se mueve.

Traza una línea hasta las palabras que mejor completan la oración.

11. La mayoría de los lagos tienen •   • agua salada.

12. Los océanos tienen •   • agua dulce.

13. ¿Qué tipo de agua cae como lluvia?

agua dulce

Encierra la palabra que mejor completa la oración.

14. Antes de que las personas beban agua, se deben asegurar de que está

fría   (limpia)

Nombre _____

6. ¿Qué sentimos cuando el viento sopla? Encierra la palabra en un círculo.

(aire)   cielo   nubes

Parte II   Comprender los conceptos científicos

Encierra la letra de la mejor elección. 6 puntos cada una

7. ¿Qué alza una cometa hacia el cielo?

    A nubes   B sol   (C) aire

8. ¿Qué sabes cuando ves burbujas en el agua?

    F   El agua está muy fría.
    G   No debes beber el agua.
    (H) Hay aire en el agua.

9. ¿Qué se le debe quitar al agua del océano antes de que las personas la puedan beber?

    A nubes   (B) sal   C luz solar

Nombre _____

Parte III   Aplicación de las destrezas

7 puntos cada una

Destrezas del proceso científico: inferir, comunicar

15. Encierra la palabra que dice qué hay en las burbujas.

    agua   (aire)

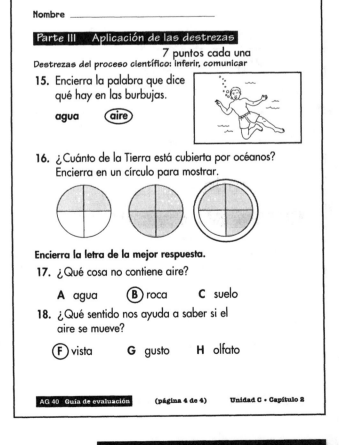

16. ¿Cuánto de la Tierra está cubierta por océanos? Encierra en un círculo para mostrar.

Encierra la letra de la mejor respuesta.

17. ¿Qué cosa no contiene aire?

    A agua   (B) roca   C suelo

18. ¿Qué sentido nos ayuda a saber si el aire se mueve?

    (F) vista   G gusto   H olfato

Respuestas

AG 85 Guía de evaluación

Nombre _____

Fecha _____

✓ Evaluación del capítulo

Medir el clima

Parte I   Vocabulario   4 puntos cada una

Traza una línea desde cada ilustración hasta la palabra o palabras que correspondan.

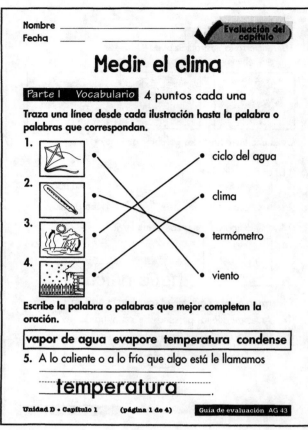

1.
2.
3.
4.

• ciclo del agua

• clima

• termómetro

• viento

Escribe la palabra o palabras que mejor completan la oración.

| vapor de agua   evapore   temperatura   condense |

5. A lo caliente o a lo frío que algo está le llamamos

temperatura .

Nombre _____

11. Encierra la letra de la ciudad con la **MAYOR** posibilidad de recibir lluvia.

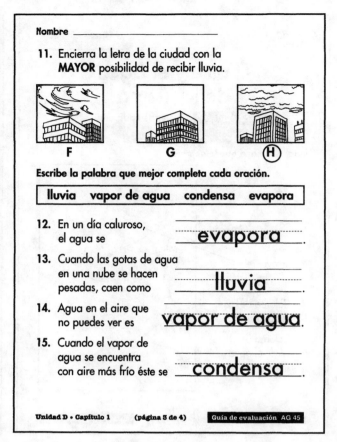

F   G   (H)

Escribe la palabra que mejor completa cada oración.

| lluvia   vapor de agua   condensa   evapora |

12. En un día caluroso, el agua se _____ **evapora** .

13. Cuando las gotas de agua en una nube se hacen pesadas, caen como _____ **lluvia** .

14. Agua en el aire que no puedes ver es _____ **vapor de agua** .

15. Cuando el vapor de agua se encuentra con aire más frío éste se _____ **condensa** .

Nombre _____

6. El agua que no puedes ver en el aire es

vapor de agua .

7. El aire cálido hace que el agua se

evapore .

8. El aire más frío hace que el vapor de agua se

condense .

Parte II   Comprender los conceptos científicos

9. ¿Qué estudia un meteorólogo?

el clima 6 puntos cada una

Encierra la letra de la palabra que mejor completa la oración.

10. En la noche, sin la luz solar, el aire es

A nublado   (B) más frío   C más caliente

Nombre _____

Parte III   Aplicación de las destrezas   13 puntos cada una

Destrezas del proceso científico: observar, comparar

16. Encierra la ilustración que muestra un día ventoso.

17. Encierra las palabras que dicen donde el clima es más cálido.

ciudad de Hal   (ciudad de Ann)

Harcourt

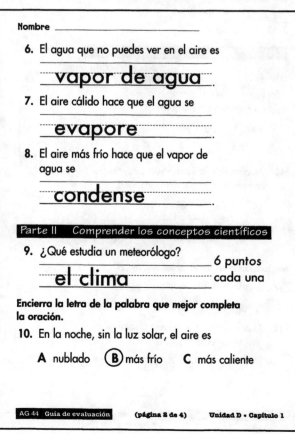

Nombre _____

Fecha _____

✓ Evaluación del capítulo

Las estaciones

Parte I   Vocabulario 5 puntos cada una

1. Escribe la palabra que completa la oración.

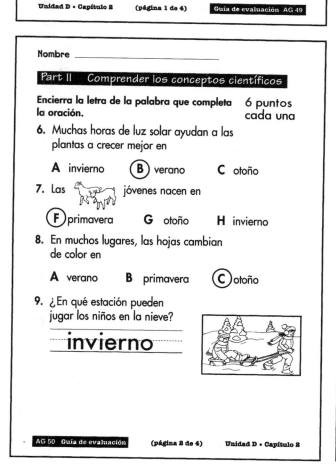

Un año tiene cuatro **estaciones**.

Traza una línea desde las palabras hasta la estación que nombran.

2. estación para sembrar las semillas •
3. estación después de la primavera •
4. estación que tiene el menor número de horas de luz •
5. estación después de verano •

• **invierno**
• **primavera**
• **otoño**
• **verano**

Unidad D • Capítulo 2   (página 1 de 4)   Guía de evaluación AG 49

Nombre _____

Para las preguntas 10–12, traza una línea desde lo que hace un agricultor hasta la estación adecuada para esto.

Lo que hace un agricultor   La estación

10. recoge frutas y vegetales maduros •

• verano

11. planta semillas •

• primavera

12. cuida las cosechas a medida que crecen •

• otoño

13. ¿En qué estación vemos que las plantas comienzan a brotar del suelo?

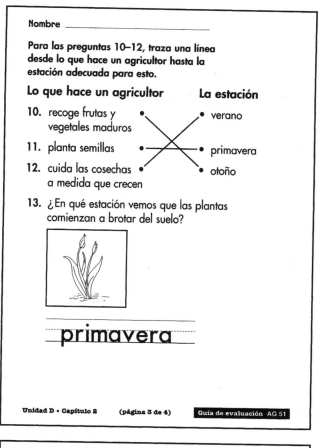

primavera

Unidad D • Capítulo 2   (página 3 de 4)   Guía de evaluación AG 51

Nombre _____

Part II   Comprender los conceptos científicos

Encierra la letra de la palabra que completa la oración.   6 puntos cada una

6. Muchas horas de luz solar ayudan a las plantas a crecer mejor en

   A invierno   **B** verano   **C** otoño

7. Las 🐑 jóvenes nacen en

   F primavera   **G** otoño   **H** invierno

8. En muchos lugares, las hojas cambian de color en

   A verano   **B** primavera   **C** otoño

9. ¿En qué estación pueden jugar los niños en la nieve?

   invierno

AG 50 Guía de evaluación   (página 2 de 4)   Unidad D • Capítulo 2

Nombre _____

Parte III   Aplicación de las destrezas 9 puntos cada una

Destrezas del proceso científico: ordenar, predecir, investigar

La siguiente gráfica muestra las horas de luz en un día.

14. Pon una **X** encima del nombre de la estación que tiene el mayor número de horas de luz.

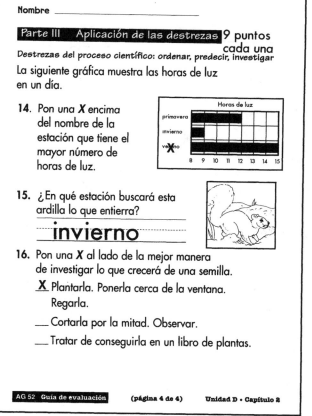

15. ¿En qué estación buscará esta ardilla lo que entierra?

   invierno

16. Pon una **X** al lado de la mejor manera de investigar lo que crecerá de una semilla.

   X Plantarla. Ponerla cerca de la ventana. Regarla.

   ___ Cortarla por la mitad. Observar.

   ___ Tratar de conseguirla en un libro de plantas.

AG 52 Guía de evaluación   (página 4 de 4)   Unidad D • Capítulo 2

Respuestas

Nombre _____
Fecha _____

 Evaluación del capítulo

Investigar la materia

Escribe la letra de la palabra que mejor complete la oración.

A cambiar	C gas	E líquido	G hundir
B flota	D materia	F mecánico	H sólido

El aire que llena el tubo es un **1.** C.
El tubo mantiene su forma así que es un **2.** H.
El tubo **3.** B encima de un **4.** E.
Las gafas protectoras se van a **5.** G.
Un **6.** F puede arreglar el bote pequeño.
Todo lo que está en la ilustración es **7.** D
Puedes **8.** A un objeto al doblarlo.

Nombre _____

Traza una línea hasta lo que sucederá.

14. Si llenas un frasco con agua, •   • ocupará el espacio del frasco.

15. Si llenas un frasco con canicas, •   • ocupará la forma del frasco.

16. Si llenas un frasco con gas, •   • mantendrá su forma.

17. Escribe dos maneras de clasificar estos objetos.

por su _____forma_____   por su _____tamaño_____

Nombre _____

Encierra la letra de la mejor respuesta. 6 puntos cada una

9. ¿Cómo se clasifican estos sólidos?
(A) por la forma
B   por el sonido
C   por el color

10. ¿Cuál es una manera de medir los líquidos?
F   por el color
G   por la forma
(H) por la cantidad

13. ¿Qué líquidos **NO** se mezclan?
F   soda y agua
(G) aceite y agua
H   leche y agua

11. ¿Qué objeto flota?
A   un ancla
(B) un corcho
C   plastilina

12. ¿Qué hay dentro de una pelota de playa que la ayuda a flotar?
_____un gas_____

Nombre _____

Destrezas del proceso científico: recopilar y anotar datos, sacar conclusiones

18. Pon una **X** debajo de las palabras que dicen que **NO** se mezclan.

agua tibia y agua fría	agua tibia y cubos de hielo	agua y aceite
___	___	X

19. Observa las botellas. Haz una marca de conteo para cada botella.

A   B   C   D   E

Materia

	A	B	C	D	E	Total
Sólido	I	I				2
Líquido			I		I	2
Gas	I	I	I	I	I	5

Harcourt

Respuestas

Nombre _____
Fecha _____

✔ *Evaluación del capítulo*

El calor y la luz

Parte I   Vocabulario   2 puntos cada una

Traza una línea para emparejar cada palabra con
su ilustración.

1. derretir

2. prisma

3. reflejar

4. refractar

Escribe la palabra que complete la oración.

5. El Sol nos da luz y

calor

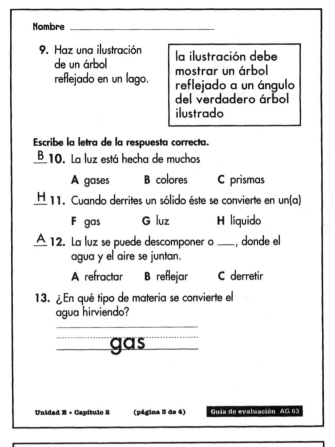

Nombre _____

9. Haz una ilustración
de un árbol
reflejado en un lago.

la ilustración debe
mostrar un árbol
reflejado a un ángulo
del verdadero árbol
ilustrado

Escribe la letra de la respuesta correcta.

_B_ 10. La luz está hecha de muchos

    A gases   **B** colores   **C** prismas

_H_ 11. Cuando derrites un sólido éste se convierte en un(a)

    F gas   **G** luz   **H** líquido

_A_ 12. La luz se puede descomponer o ___, donde el
agua y el aire se juntan.

    A refractar   **B** reflejar   **C** derretir

13. ¿En qué tipo de materia se convierte el
agua hirviendo?

gas

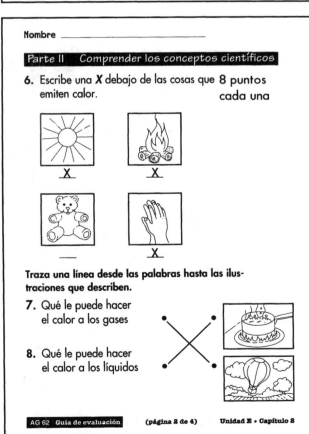

Nombre _____

Parte II   Comprender los conceptos científicos

6. Escribe una **X** debajo de las cosas que **8 puntos**
emiten calor.   **cada una**

    X   X

              X

Traza una línea desde las palabras hasta las ilustraciones que describen.

7. Qué le puede hacer
el calor a los gases

8. Qué le puede hacer
el calor a los líquidos

Nombre _____

Parte III   Aplicación de las destrezas **13 puntos
cada una**
Destrezas del proceso científico: usar números, recopilar datos

14. Encierra la parte del día en que el asta
de la bandera tiene la sombra más grande.

    mañana   **tarde**   **mediodía**

15. Observa las ilustraciones y completa la tabla.
Escribe una **X** en la tabla para mostrar qué
vaso está al sol y qué vaso
está en la sombra.

Vaso	Temperatura del agua	Sol	Sombra
A	15°C		X
B	20°C	X	

Unidad F • Capítulo 1 • Empujar y jalar

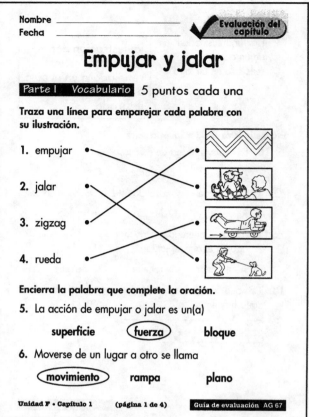

Nombre _____
Fecha _____

Evaluación del capítulo ✓

Empujar y jalar

Parte I   Vocabulario 5 puntos cada una

Traza una línea para emparejar cada palabra con su ilustración.

1. empujar •
2. jalar •
3. zigzag •
4. rueda •

Encierra la palabra que complete la oración.

5. La acción de empujar o jalar es un(a)
   superficie   (fuerza)   bloque

6. Moverse de un lugar a otro se llama
   (movimiento)   rampa   plano

Unidad F • Capítulo 1   (página 1 de 4)   Guía de evaluación AG 67

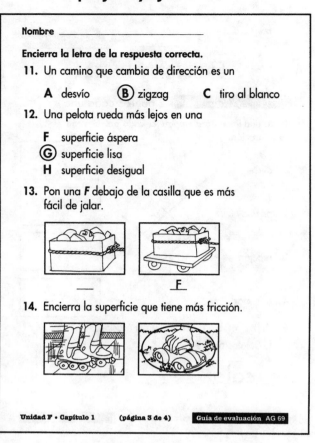

Nombre _____

Encierra la letra de la respuesta correcta.

11. Un camino que cambia de dirección es un
    A desvío   (B) zigzag   C tiro al blanco

12. Una pelota rueda más lejos en una
    F superficie áspera
    (G) superficie lisa
    H superficie desigual

13. Pon una *F* debajo de la casilla que es más fácil de jalar.

    ___   F

14. Encierra la superficie que tiene más fricción.

Unidad F • Capítulo 1   (página 3 de 4)   Guía de evaluación AG 69

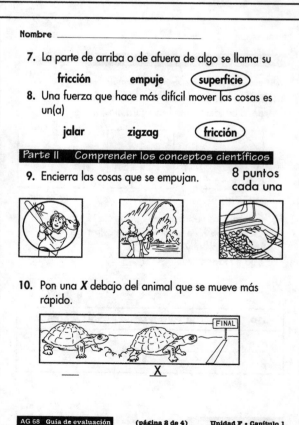

Nombre _____

7. La parte de arriba o de afuera de algo se llama su
   fricción   empuje   (superficie)

8. Una fuerza que hace más difícil mover las cosas es un(a)
   jalar   zigzag   (fricción)

Parte II   Comprender los conceptos científicos

9. Encierra las cosas que se empujan.   8 puntos cada una

10. Pon una *X* debajo del animal que se mueve más rápido.

    ___   X

AG 68 Guía de evaluación   (página 2 de 4)   Unidad F • Capítulo 1

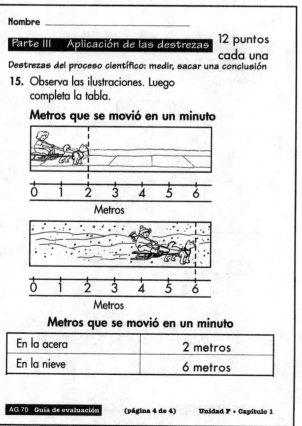

Nombre _____

Parte III   Aplicación de las destrezas   12 puntos cada una

Destrezas del proceso científico: medir, sacar una conclusión

15. Observa las ilustraciones. Luego completa la tabla.

Metros que se movió en un minuto

0 1 2 3 4 5 6
Metros

0 1 2 3 4 5 6
Metros

Metros que se movió en un minuto

En la acera	2 metros
En la nieve	6 metros

AG 70 Guía de evaluación   (página 4 de 4)   Unidad F • Capítulo 1

AG 90   Guía de evaluación   **Respuestas**

Nombre _____

Fecha _____

✔ **Evaluación del capítulo**

Imanes

Parte I   Vocabulario   4 puntos cada una

Traza una línea desde la palabra hasta la ilustración que corresponde.

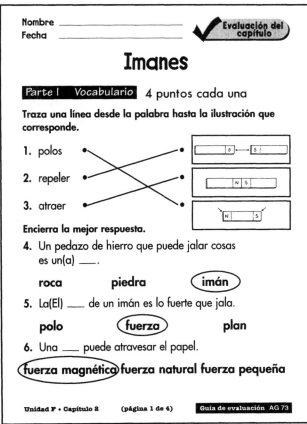

1. polos

2. repeler

3. atraer

Encierra la mejor respuesta.

4. Un pedazo de hierro que puede jalar cosas es un(a) ___.

    roca   piedra   (imán)

5. La(El) ___ de un imán es lo fuerte que jala.

    polo   (fuerza)   plan

6. Una ___ puede atravesar el papel.

    (fuerza magnética) fuerza natural fuerza pequeña

Unidad F • Capítulo 2   (página 1 de 4)   **Guía de evaluación AG 73**

Nombre _____

11. Escribe la palabra que completa *ambas* oraciones.

    Todos los imanes contienen ___.

    Los imanes atraen objetos que están hechos de ___.

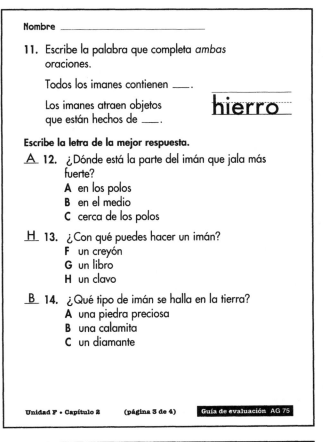

hierro

Escribe la letra de la mejor respuesta.

_A_ 12. ¿Dónde está la parte del imán que jala más fuerte?

    A en los polos
    B en el medio
    C cerca de los polos

_H_ 13. ¿Con qué puedes hacer un imán?

    F un creyón
    G un libro
    H un clavo

_B_ 14. ¿Qué tipo de imán se halla en la tierra?

    A una piedra preciosa
    B una calamita
    C un diamante

Unidad F • Capítulo 2   (página 3 de 4)   **Guía de evaluación AG 75**

Nombre _____

7. Un imán le puede dar fuerza magnética o ___ las cosas que atrae.

    (magnetizar)   repeler   empujar

Parte II   Comprender los conceptos científicos

8. Encierra las cosas que atrae un imán.   6 puntos cada una

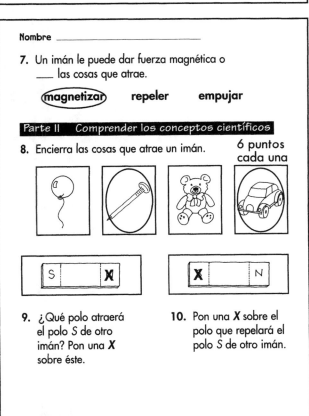

9. ¿Qué polo atraerá el polo *S* de otro imán? Pon una **X** sobre éste.

10. Pon una **X** sobre el polo que repelará el polo *S* de otro imán.

AG 74 Guía de evaluación   (página 2 de 4)   Unidad F • Capítulo 2

Nombre _____

Parte III   Aplicación de las destrezas   15 puntos cada una

Destrezas del proceso científico: inferir, investigar

15. Pon una **X** al lado de la oración que dice lo que puedes inferir de esta ilustración.

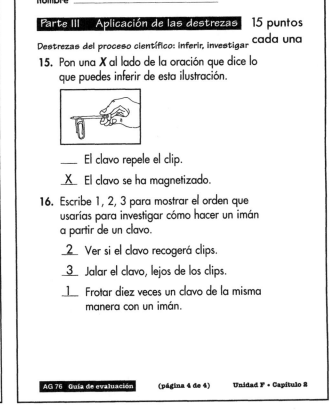

    ___ El clavo repele el clip.

    _X_ El clavo se ha magnetizado.

16. Escribe 1, 2, 3 para mostrar el orden que usarías para investigar cómo hacer un imán a partir de un clavo.

    _2_ Ver si el clavo recogerá clips.

    _3_ Jalar el clavo, lejos de los clips.

    _1_ Frotar diez veces un clavo de la misma manera con un imán.

AG 76 Guía de evaluación   (página 4 de 4)   Unidad F • Capítulo 2

Respuestas